Wiener KÜCHE

Die besten Rezepte

Spanferkel m. Krautsalat
u. Braterdäpfel oder
Semmelknödel 10,50
Boeuf Stroganoff m.
Nockerl u. grünem
Salat 11,20
Fleischknödel m.
Sauerkraut 7,80
Eis m. Marmelade
Palatschinken 3,50
Rein das Beste

Renate Wagner-Wittula

Wiener KÜCHE

Die besten Rezepte

pichler verlag

Wien genießen!

Wien ist anders! Das beteuert nicht nur ein Tourismus-Werbeslogan, es entspricht auch in Sachen Kulinarik der Wahrheit. Welche andere Weltstadt könnte sich auch brüsten, innerhalb der Stadtgrenzen auf einer Rebfläche von knapp 700 Hektar erlesenste Weine zu keltern? Wien kann's. Welche Weltstadt hat einen ganzen Stadtteil nach der genussvollen Nahrungsaufnahme benannt? Wien hat das mit dem im 13. Bezirk liegenden „Speising" getan. Welche Weltstadt wurde einst des „Heiligen Römischen Reiches größtes Wirtshaus" genannt? Es war Wien.

Sie sehen schon, die große Liebe der Wiener gehört – noch vor der Musik, denn auch da bietet die Donaumetropole mit Staatsoper und zwei absoluten Spitzenorchestern Weltformat – dem leiblichen Wohl. Im Gegensatz zu frankophilen Gourmets geht es dem Wiener Genießer allerdings weniger um teure Luxusprodukte wie Kaviar, Austern und Hummer, sondern um den gemütlich zelebrierten Genuss. Sind im Beisel – der Wiege aller Wiener Gemütlichkeit – das würzige Beuscherl mit krachendem Handsemmerl sowie die anschließenden Powidltascherln einmal verzehrt, so springt der gelernte Wiener nicht sofort auf, um den nächsten Gästen Platz zu machen. Da wird noch das eine oder andere Achterl Wein bestellt, daraufhin eine Melange mit einem kleinen Verdauungsschnapserl und vor dem Zahlen rasch noch ein „Drüberstrahrer" geordert. Währenddessen wird eifrig diskutiert und „disputiert" (gesprochen: *dischputiert*), wie Johann Nestroy, der Star des Alt-Wiener Volkstheaters, liebevoll meinte. Schlange stehen für einen freien Tisch im Restaurant – das kennen die Wiener nur aus Filmen.

Zu wissen, dass auf den letzten Bissen gleich die Rechnung folgt, würde der Seele eines echten Wieners also völlig zuwiderlaufen. Eine eherne Regel, die auch im Wiener Kaffeehaus, einem der wesentlichen Stützpunkte, wenn es um die Nahversorgung mit Köstlichkeiten aus dem Wiener Mehlspeishimmel geht, gilt. Nach Milchrahmstrudel, Topfengolatschen oder Sachertorte mit Schlag, wozu genüsslich ein kleiner Brauner geschlürft wird, werden stundenlang heimische wie internationale Zeitungen studiert. Einzig die mehr oder weniger freundliche Erkundigung des Obers „Darf's noch etwas sein?" erinnert daran, dass auch in dieser Oase die Zeit verstreicht. Das Klischee vom grantigen Ober im Kaffeehaus ist übrigens ebenso wahr wie jenes von der Heurigenseligkeit draußen in den Außenbezirken, den Menschentrauben rund um die legendären Wiener Würstelstände und dem quirligen Leben am Naschmarkt. Heute wie früher macht die Faszination jenes Marktes entlang der Wienzeile vor allem der kulinarische Blick über die Landesgrenzen hinaus aus. Düfte, Gewürze, Obst und Gemüse aus aller Herren Länder erinnern daran, dass Wien seit jeher Schmelztiegel war – und auch geblieben ist.

Sind es heute türkische, asiatische und andere multikulturelle Einflüsse, die das kulinarische Leben bunt und abwechslungsreich gestalten, so waren es in der Monarchie vor allem die böhmischen Herrschaftsköchinnen, die in der Wiener Küche ihre schmackhaften Spuren hinterließen. All die wunderbaren Knödel und süßen Mehlspeisen wie Powidltatschkerln, Buchteln oder Pofesen verdanken wir ihnen. Aus Ungarn wiederum stammt das feurige *Gulyás*, aus Italien das berühmteste Gericht der Stadt an der Blauen Donau: das Wiener Schnitzel – sofern man einer der vielen Legenden rund um das im knusprigen Bröselkleid auftretende Kalbsschnitzel überhaupt Glauben schenken mag. Von dort soll Feldmarschall Joseph Wenzel von Radetzky nämlich die für ihn neue Zubereitungstechnik mit über die Alpen gebracht haben. Beim Strudel (Stichwort: Topfen- oder Apfelstrudel) verfolgen kulinarische Pfadfinder hingegen sogar Spuren in die Türkei und das Osmanische Reich bis nach Arabien. Aus den eigenen Reihen des Vielvölkerstaates kommen kräftigende Eintöpfe, Gröstl und Aufläufe, die vor allem eines können mussten: die hart arbeitende Bevölkerung satt machen. Specklinsen, Blunz'ngröstl und Scheiterhaufen erfüllten dieses Anforderungsprofil zweifellos. Nicht zu vergessen die berühmte Wiener Siedefleischküche, die den Tafelspitz mit seinen typischen Beilagen wie Semmelkren, Schnittlauchsauce und gerösteten Erdäpfeln zu einem Klassiker werden ließ.

Im Unterschied zu so manch anderen Küchen der Welt zeigt die Wiener Küche übrigens recht wenig Interesse an kalten Vorspeisen. Freilich machen sich nunmehr auch globale Modeströmungen und neue Ernährungstrends bemerkbar, indem vor allem in der urbanen Küche Salatkreationen und Carpaccio-Varianten gehuldigt wird, doch die Hausmannskost sieht zu Beginn eines Menüs erst einmal einen Teller dampfender Suppe vor. Garniert mit netter Einlage à la Grießnockerl oder Leberknödel. Die früher zelebrierte Sitte, die heiße, kräftige Rindsuppe erst bei Tisch aus einer Portionsschüssel in den Teller zu gießen, ist mittlerweile zur Ausnahme geworden. Das mag nicht zuletzt an den kürzeren Wegen zwischen Küche und Tisch sowie an neuen Technologien, die Suppenteller gut vorzuwärmen, liegen. Auch bei der Speisenzubereitung generell beschreitet die moderne Wiener Küche den Weg in Richtung „leichter, feiner, besser". Die einst so typische Alt-Wiener Einbrenn für Gemüse und Saucen macht luftigeren Schäumchen Platz, die Fettzugabe wird ein wenig gedrosselt, und auch die cholesterinträchtigen Eidotter treten nicht mehr wie in alten Kochbüchern im ganzen Dutzend auf. Doch am Wesen der Wiener Küche wird sich nicht viel ändern. Und das ist auch gut so.

Lassen Sie sich also entführen ins Schlaraffenland der Wiener Genüsse – mit Rezepten, die auch weniger Geübte problemlos nachkochen werden. (Die klaren, schrittweisen Anweisungen sowie genaue Zeit- und Temperaturangaben bürgen dafür.) Der Erfolg wird Ihnen sicher sein und Ihre Tischgemeinschaft im siebten Himmel schweben lassen – im Wiener Mehlspeishimmel natürlich!

In diesem Sinne wünsche ich gutes Gelingen und viel Spaß beim Kochen!

Renate Wagner-Wittula

Vorspeisen

Rindsknochensuppe

Zutaten

- 1 Bund Suppengrün
- 1–2 Zweige Liebstöckel
- ca. 1 kg fleischige Rindsknochen (auch Ochsenschlepp)
- eventuell 1 kleines Stück Rindfleisch (Beinfleisch, Scherzel etc.)
- 1 Zwiebel
- einige Pfefferkörner und Safranfäden
- 1–2 Gewürznelken
- 1 kl. Stück Muskatnuss
- Salz
- Suppenwürze nach Bedarf
- Pflanzenöl

Zubereitung

- Fleisch und Knochen unter kaltem Wasser gut waschen.
- Suppengrün grobwürfelig schneiden, Zwiebel halbieren und gemeinsam mit den Knochen in etwas Öl kurz anschwitzen. Mit etwa 1,5–2 Liter kaltem Wasser aufgießen.
- Fleisch sowie Gewürze (mit Ausnahme der Suppenwürze und Salz) zugeben und alles einmal aufkochen lassen. Hitze reduzieren und zugedeckt mindestens 1 Stunde eher ziehen lassen als sprudelnd kochen. (Je länger die Suppe gekocht wird, desto besser schmeckt sie.)
- Suppe abseihen und nun kräftig mit Salz und allenfalls etwas Suppenwürze abschmecken. Nach Bedarf weiter verwenden.

Kochzeit: mindestens 1 Stunde

Typisch Wien

Seit Justus Liebig der Menschheit in den 1860er-Jahren seinen industriell gefertigten Suppenwürfel schenkte, überprüft der gelernte Wiener im Wirtshaus das „hausgemachte" Supperl besonders genau. Da werden Fettaugen gezählt (sie lassen auf gehaltvolles mitgekochtes Rindfleisch schließen) und die Geschmackspapillen strapaziert. Eine kleine Prise Suppenwürze zum Verfeinern wird freilich toleriert, schlicht in heißem Wasser aufgelöster Suppenwürfel hingegen nicht geschätzt. Letzteres kann man mit Sicherheit ausschließen, wenn Tafelspitz auf der Speisekarte steht – da kann man sich die Rindsuppe ohne Misstrauen getrost schmecken lassen!

Grießnockerlsuppe

Zutaten

- 1 l heiße Rindsuppe (s. Tafelspitz oder Rindsknochensuppe)
- 100 g grober Nockerlgrieß
- 30–50 g zimmerwarme Butter
- 1 Ei
- Muskatnuss
- Salz
- Öl für das Brett
- Petersilie oder Schnittlauch zum Bestreuen

Zubereitung

- Die zimmerwarme Butter in einer Schüssel schaumig rühren. Mit Salz und Muskatnuss würzen.
- Das Ei in eine Tasse schlagen, versprudeln und langsam unter die Butter rühren.
- Nun den Grieß einrühren, gut durchmischen und abgedeckt 10–15 Minuten ziehen lassen.
- Inzwischen gesalzenes Wasser aufstellen und aufkochen lassen. Mit 2 Esslöffeln, die immer wieder in heißes Wasser getaucht werden, Nockerln ausstechen und auf ein geöltes Brett geben. Erst wenn alle Nockerln fertig geformt sind, behutsam ins kochende Wasser einlegen. (Die Nockerln können auch in der Suppe gekocht werden, allerdings besteht dabei die Gefahr, dass die Suppe durch allfällige Grießrückstände etwas trüb wird.)
- Kurz (wenige Minuten) bei kräftiger Hitze köcheln lassen, dann die Hitze reduzieren und 10–15 Minuten nur mehr schwach ziehen lassen. Währenddessen ab und zu mit einem Kochlöffel vorsichtig umrühren, damit sich die Nockerln nicht am Topfboden festsetzen.
- Fertige Grießnockerln herausheben und in der heißen Suppe anrichten. Mit Petersilie oder Schnittlauch bestreuen und rasch auftragen. (Bei langem Stehenlassen in der Suppe weichen die Nockerl zu sehr auf!)

Garzeit: 15–20 Minuten

Leberknödelsuppe

Zubereitung

- Semmeln halbieren und in Wasser oder Milch einweichen. Ausdrücken, durch ein Sieb passieren und mit der faschierten Leber vermengen.
- Butter schmelzen und die Schalotten- oder Zwiebelwürfel darin hell anschwitzen. Petersilie sowie Knoblauch zugeben und kurz durchrösten. Unter die faschierte Masse mischen, das Ei einrühren und kräftig mit Salz, Pfeffer und Majoran würzen. Mit Semmelbröseln zu einer kompakten und gut formbaren Masse vermischen.
- Abdecken und ca. 15 Minuten kühl rasten lassen.
- Inzwischen in einem Topf reichlich Salzwasser aufkochen lassen. Mit leicht befeuchteten Händen aus der Masse je nach Geschmack kleinere oder größere Knödel formen, einlegen und je nach Größe zwischen 12 und 20 Minuten leicht wallend gar ziehen lassen. (Um sicherzugehen, dass die Knödel nicht zerfallen, am besten einen Probeknödel kochen und die Masse bei Bedarf noch mit Bröseln binden.)
- Knödel herausheben, in vorgewärmte Teller geben und mit der heißen Rindsuppe übergießen. Mit Schnittlauch oder Petersilie bestreuen.

Garzeit: 12–20 Minuten

Zutaten

- 1 l heiße Rindsuppe (s. Tafelspitz oder Rindsknochensuppe)
- 150 g faschierte (gecutterte) Kalbs-, Schweine- oder Rindsleber
- 1 Schalotte oder 2 Frühlingszwiebeln
- 2 Semmeln
- 1 Ei
- 1–2 EL Butter
- 1 EL gehackte Petersilie
- 1 gepresste Knoblauchzehe
- Wasser oder Milch zum Einweichen
- Semmelbrösel nach Bedarf
- Pfeffer
- Majoran
- Salz
- Schnittlauch oder Petersilie zum Bestreuen

Typisch Wien

Innerhalb des recht bunten Reigens an Wiener Suppeneinlagen spielen die Leberknödel im Gegensatz zu den beispielsweise recht luftigen Schöberln eine ziemlich sättigende Rolle. In so manchem Wirtshaus kann so ein tassenfüllendes Exemplar Dimensionen annehmen, die für nicht ganz so geübte Esser die Bewältigung des nachfolgenden Hauptgerichts mitunter zum Problem werden lassen können. Da hat die ländliche Küche außerhalb der Großstadt eine praktische Lösung parat: Dort landen die Leberknödel oftmals erst gar nicht in der Suppe, sondern werden als Hauptgericht mit dampfendem Kraut serviert. Ein „Danach" gibt es dann im besten Fall aus der süßen Abteilung – und das schaffen auch schwache Mägen.

Kaiserschöberlsuppe

Zutaten

- 1 l heiße Rindsuppe (s. Tafelspitz oder Rindsknochensuppe)
- 2 Eier
- 50 g zimmerwarme Butter
- 30 ml Schlagobers oder Milch
- 60 g glattes Mehl
- 2 EL geriebener Käse
- Pfeffer
- Muskatnuss
- Salz
- Schnittlauch oder Petersilie zum Bestreuen
- Butter und Mehl (oder Backpapier) für das Backblech

Zubereitung

- Backrohr auf ca. 180 °C Heißluft vorheizen. Ein Backblech mit Backpapier auslegen oder mit Butter bestreichen und mit Mehl bestreuen.
- Die Eier trennen und die Dotter mit der zimmerwarmen Butter schaumig rühren. Obers sowie den geriebenen Käse unterrühren.
- Eiklar mit einer Prise Salz zu steifem Schnee schlagen.
- Mehl unter den Dotterabtrieb mischen, mit Salz, Pfeffer sowie Muskatnuss pikant würzen und den Schnee unter die Masse rühren.
- Nun die Masse auf das Backpapier auftragen und im heißen Backrohr ca. 10–15 Minuten goldgelb backen.
- Herausheben, in kleine Rauten oder Vierecke schneiden und erst unmittelbar vor dem Servieren in die heiße Suppe einlegen. Mit Schnittlauch oder Petersilie bestreut servieren. (Übrig gebliebene Schöberl einfrieren und bei Bedarf auftauen.)

Backzeit: 10–15 Minuten
Backrohrtemperatur: 180 °C Heißluft

Panadelsuppe

Brotsuppe

Zubereitung

- Von den Semmeln die Rinden entfernen und Semmeln in Blätter oder Würfel schneiden.
- Nach Wunsch die Zwiebel fein schneiden, in Butter hell anschwitzen und mit der Suppe aufgießen. (Oder die Suppe einfach in einem Topf aufkochen.) Semmelwürfel zugeben und unter wiederholtem Umrühren mit dem Schneebesen so lange köcheln lassen, bis sich die Semmeln aufgelöst haben.
- Nun mit Salz, Pfeffer und Muskatnuss abschmecken.
- Die Eier in einer Tasse versprudeln, in die Suppe einrühren und nur kurz stocken lassen.
- In heiße Teller füllen und mit Schnittlauch oder Petersilie bestreuen.

Kochzeit: ca. 20 Minuten

Zutaten

- 1 l heiße Rindsuppe (s. Tafelspitz oder Rindsknochensuppe)
- 3 altbackene Semmeln
- 1–2 Eier
- 1 kleine Zwiebel und 1 EL Butter nach Wunsch
- Muskatnuss
- Pfeffer
- Salz
- Schnittlauch oder Petersilie zum Bestreuen

Typisch Wien

So kurios das Wort „Panadel“ auf den ersten Blick klingen mag, so logisch ist es, wenn man den dahintersteckenden lateinischen Begriff „panis“ für Brot in den Vordergrund rückt. Und nichts anderes bildet ja die Basis dieser sättigenden Suppe, die freilich weniger aus feinschmeckerischen denn aus ökonomischen Gründen aus Brot zubereitet wird. Wie kaum in einem anderen Gericht vollzieht sich hier auf wundersame Weise die Verwandlung von hartem, altbackenem Weißbrot in ein schmackhaft-aromatisches Süppchen.

Frittatensuppe

Zutaten

- 1 l heiße Rindsuppe (s. Tafelspitz oder Rindsknochensuppe)
- 100–130 g Mehl
- 225–250 ml Milch
- 1 Ei
- Salz
- ca. 2 EL Butter zum Herausbacken
- Petersilie oder Schnittlauch zum Bestreuen

Zubereitung

- Das Ei in der Milch versprudeln, salzen und mit Mehl zu einem dünnflüssigen Teig verrühren. (Bei Bedarf die Konsistenz durch Milch oder Mehl korrigieren.)
- In einer Palatschinkenpfanne (beschichtete kleine Pfanne) wenig Butter schmelzen lassen, etwas Teig einfließen lassen und durch Schwingen der Pfanne regemäßig verteilen. Goldbraun anbacken, wenden und fertig backen.
- Palatschinke herausheben und den restlichen Teig ebenso zu dünnen Palatschinken backen.
- Fertige Palatschinken einrollen und zu dünnen Frittaten schneiden.
- Heiße Rindsuppe in Tellern anrichten, Frittaten einlegen und mit Petersilie oder Schnittlauch bestreut auftragen.

Zubereitungszeit: 2–3 Minuten pro Palatschinke

Typisch Wien

Wie stark die Küche der Kaiserstadt Wien von den Einflüssen ihrer umliegenden Nachbarn geprägt war, spiegelt sich nicht nur in den legendären Mehlspeisen der böhmischen Köchinnen wider, sondern zeigt sich auch beispielhaft an einer der beliebtesten Suppeneinlagen – der Frittate. Im Grunde nichts anderes als eine nudelig geschnittene, zarte Palatschinke, verdankt diese Spezialität ihren Namen ihrer venezianischen Cousine – der *frittata*, also der italienischen Variante eines pikanten Omeletts. Wie diese auch heute noch in der Küche Norditaliens wurden Frittaten nach Alt-Wiener Rezepten früher gerne mit Sardellen, Kapern oder gar Innereien verfeinert. Aromatische Kräuter wie Petersilie, Kerbel oder Liebstöckel kommen bei g´schmackigen Kräuterfrittaten auch heute noch in den feinen Frittatenteig.

Alt-Wiener Erdäpfelsuppe

Zutaten

- 1 l heiße Rindsuppe (s. Tafelspitz oder Rindsknochensuppe)
- 300–400 g mehlige Erdäpfel
- 15–20 g getrocknete Steinpilze (ersatzweise Eierschwammerl oder frische Pilze)
- 50–70 g Speck
- ½ Karotte und etwas Wurzelwerk (gelbe Rüben, Selleriewurzel etc.)
- 1 Zwiebel
- 1 fein gehackte Knoblauchzehe nach Geschmack
- 1–2 EL Mehl (je nach gewünschter Sämigkeit)
- 50–100 g Sauerrahm
- Schuss Zitronensaft oder Essig
- Salz
- Pfeffer
- Majoran
- Kümmel
- Butter oder Butterschmalz
- Petersilie zum Bestreuen

Zubereitung

- Zunächst die Steinpilze in wenig lauwarmem Wasser einweichen.
- Zwiebel sowie Speck feinwürfelig schneiden, Karotte und Wurzelwerk ebenfalls sehr fein schneiden oder grob raspeln. Erdäpfel schälen und in Würfel schneiden.
- In einem Topf etwas Fett erhitzen und den Speck auslassen. Zwiebel zugeben und hell anschwitzen, dann das Gemüse untermengen. Knoblauch nach Geschmack hinzufügen und kurz durchrühren. Mehl darüberstreuen, kurz anziehen lassen und dann die Suppe langsam zugießen. Steinpilze mit der Einweichflüssigkeit einrühren, die Erdäpfel zugeben und die Suppe mit Salz, Pfeffer, Majoran sowie Kümmel würzen.
- Erdäpfel 20–30 Minuten weich kochen.
- Fertige Suppe mit einem Schuss Zitronensaft oder Essig würzen, bei Bedarf nochmals nachwürzen. Sauerrahm glatt rühren, ist die Suppe noch zu flüssig, mit etwas Mehl verrühren und in die Suppe einrühren. Einkochen lassen.
- In vorgewärmten Tellern anrichten und mit gehackter Petersilie bestreuen.

Garzeit: ca. 30 Minuten

Typisch Wien

Erdäpfelsuppen wurden in Wien geliebt und gegessen, lange bevor der Mixstab und andere elektrische Küchenhelferlein erfunden waren. Daher wurden die Erdäpfel auch nicht aufgemixt, um das Süppchen zu binden, sondern die in der Alt-Wiener Küche so populäre Melange aus Rahm und Mehl eingesetzt. In der modernen Wiener Küche verzichtet man gerne auf diese Kalorien und püriert einen Teil der gekochten Erdäpfel zwecks gewünschter Molligkeit. Wenn dann allerdings kleine Flaggschiffchen aus geröstetem Speck oder knusprige Brotcroûtons als Garnitur auf dem Supperl dahinsegeln, ist der Schlankheitseffekt zwar wieder dahin – aber schmecken tut´s gleich noch einmal so gut.

Alt-Wiener Suppenhendl

Hühnersuppentopf

Zutaten für 6–8 Portionen

- 1 Suppenhendl (größeres Huhn von 1,75–2 kg) mit Innereien und Hals
- 1 Bund Suppengrün
- 1 halbierte Zwiebel
- einige Pfefferkörner
- 1 Gewürznelke
- 1 Lorbeerblatt
- 1–2 Zweige Liebstöckel
- 1 kleines Stück Muskatnuss
- Salz und evt. Suppenwürze zum Abschmecken

Für die Einlage nach Belieben
- Suppennudeln
- gemischtes Gemüse (Karotten, Erbsen, Karfiol, gelbe Rüben, Kohlrabi etc.)
- Schnittlauch oder Petersilie

Zubereitung

- Das Suppenhendl innen sowie außen gut waschen und in einen Topf geben. Herz, Magen sowie Hals hinzufügen, Suppengrün, Zwiebel und die Gewürze hinzufügen. Mit kaltem Wasser auffüllen, aufkochen, Hitze reduzieren und je nach Größe und Alter des Hendls ca. 1 ½ Stunden weich kochen. Etwa 10 Minuten vor Ende der Kochzeit die Leber zugeben und mitgaren.
- Suppenhendl herausheben und überkühlen lassen.
- Währenddessen die Suppe abseihen und mit Salz, bei Bedarf auch mit einer Prise Suppenwürze, abschmecken.
- Für die Einlage die Nudeln sowie das Gemüse in der Suppe oder separat in Salzwasser weich kochen.
- Hühnerfleisch auslösen, klein schneiden und in die heiße Suppe geben. Nochmals kurz erwärmen.
- Suppe mit Gemüse und Nudeln in vorgewärmten tiefen Tellern anrichten. Mit Schnittlauch oder Petersilie bestreuen.

Kochzeit: Suppe ca. 1 ½ Stunden, Gemüse und Nudeln je nach Sorte 8–15 Minuten

Typisch Wien

In Zeiten, in denen die Kühlvitrinen der Supermärkte großteils von steril verpackten viereckigen Fleischstücken bevölkert werden, muten im Ganzen gegarte Hühner schon nahezu kurios an. Dass dem im alten Wien ganz und gar nicht so war, zeigt die große Wertschätzung, die man dem „Suppenhendl" entgegenbrachte. Die meist älteren und daher auch größeren Hühner galten als besonders fleischig, mussten zwar auch dementsprechend lange gekocht werden, wurden aber dafür mit großzügiger Nudel- und Gemüsebegleitung aufgetragen. Kein altes Suppenhuhn, sondern ein junges, zartes Henderl lässt den Baron Ochs auf Lerchenau in Richard Strauss´ wienerischer Oper *Der Rosenkavalier* sogar ein nicht gerade charmantes Kompliment an seine junge Verlobte machen: „Schultern wie a Hendl. Ganz meine Maßen!" Wie anders könnte er das beurteilen, hätte er nicht ab und zu ein Huhn im Ganzen verspeist?

Liptauer

Wiener Heurigenaufstrich

Zubereitung

- Die Butter Zimmertemperatur annehmen lassen. Inzwischen Knoblauchzehen sowie Kapern sehr fein schneiden. Das Sardellenfilet ebenfalls klein schneiden und mit dem Messerrücken zerdrücken.
- Nun die Butter schaumig rühren und mit Brimsen sowie Gervais gut verrühren. Kapern, Sardellen, Knoblauch, Senf sowie sämtliche Gewürze einrühren und den Liptauer recht würzig abschmecken.
- Etwa zwei Drittel der Schnittlauchröllchen untermengen.
- Anrichten, mit Paprikapulver und den restlichen Schnittlauchröllchen bestreuen.

Beilagenempfehlung: resches Gebäck oder Schwarzbrot

Zutaten

- 200 g Brimsen (Frischkäse aus Schafmilch), ersatzweise Topfen oder anderer etwas säuerlicher Frischkäse
- 250 g Butter
- 100 g Gervais oder Crème fraîche
- 1 eingelegtes Sardellenfilet oder -ringerl (oder etwas Sardellenpaste)
- 1–2 Knoblauchzehen
- 2 KL Kapern
- 2 EL edelsüßes Paprikapulver
- 1 EL scharfes Paprikapulver
- 1 Mokkalöffel scharfer Senf (Dijonsenf o.Ä.)
- Prise Kümmel
- Salz und Pfeffer
- 2 EL gehackter Schnittlauch
- Paprikapulver zum Bestreuen

Typisch Wien

Wer zum Heurigen geht, nimmt sich dafür auch die nötige Zeit. Also bestellt der gelernte Wiener kein fix und fertig bestrichenes Liptauerbrot, sondern am liebsten eine Portion des feurigen Aufstriches. So lässt sich der Liptauer ganz langsam genießen, mit einem knusprigen Salzstangerl vielleicht oder einem Wachauer Laiberl ... Bissen für Bissen. Wie lange das dauern kann? Ein „Vierterl“ Wein lang auf jeden Fall.

Alt-Wiener Rindfleischsalat

Zubereitung

- Rindfleisch in mundgerechte Streifen oder Scheiben schneiden.
- Für die Marinade das Öl mit Essig, einem kleinen Schuss Wasser sowie Salz und Pfeffer gut verrühren. Rindfleisch mit der Marinade vermengen und kühl einige Zeit ziehen lassen.
- Dann Zwiebeln in Ringe schneiden. Paprikaschoten entkernen, waschen und ebenfalls in Streifen oder Ringe schneiden. Mariniertes Rindfleisch behutsam mit Zwiebeln und Paprika vermengen und auf großen Tellern anrichten.
- Paradeiser halbieren oder in Spalten schneiden. Die gekochten Eier schälen und vierteln oder mit einem Eierschneider in dünne Scheiben schneiden.
- Kapern und Sardellenfilets oder -ringerl sehr fein schneiden oder mit einem Wiegemesser wiegen. Miteinander vermengen, wenig Öl zugießen und zu einer Paste verrühren.
- Nun Eier sowie Paradeiser dekorativ rund um das Rindfleisch anrichten. Sardellen-Kapern-Paste auf die Eier geben und Eier sowie Paradeiser nach Belieben nochmals salzen und pfeffern.
- Vor dem Servieren mit Schnittlauch oder Kresse bestreuen.

Beilagenempfehlung: frisches Gebäck oder knuspriges Schwarzbrot

Zutaten

- 500–600 g gekochtes Rindfleisch
- 2 große Zwiebeln
- 1 Handvoll kleine Rispenparadeiser (oder 2 große Paradeiser)
- je 1 rote und grüne Paprikaschote
- 2 eingelegte Sardellenfilets oder -ringerl (oder 1 KL Sardellenpaste)
- 1 KL Kapern
- 4 hart gekochte Eier zum Garnieren
- etwas Pflanzenöl
- frisch gehackter Schnittlauch oder Kresse zum Bestreuen
- Salz und Pfeffer aus der Mühle

Für die Salatmarinade

- 6 EL Pflanzenöl
- 3 EL nicht zu saurer Weißweinessig
- Salz
- Pfeffer

Für den kleinen Hunger

Specklinsen
mit Spiegelei

Zubereitung

- Die Linsen mindestens einige Stunden, am besten über Nacht, in kaltem Wasser einweichen.
- Linsen abseihen und in frischem kaltem Wasser aufstellen. Zwiebel halbieren und mit der Karotte zugeben. Die Gewürze am besten in ein Teesäckchen oder -ei binden und ebenso wie das Natron hinzufügen. Aufkochen und je nach Linsensorte 40–60 Minuten weich kochen.
- Linsen abseihen und dabei den Sud auffangen. Gewürzsäckchen entfernen.
- Für die Würzmischung sämtliche Zutaten sehr fein schneiden und mit Senf, Sardellenpaste, Zitronenschale, Kräutern sowie Salz und Pfeffer gut vermengen.
- Speckwürfel in etwas Fett hell anschwitzen, Mehl darüberstreuen, kurz durchrühren und die Würzmischung zugeben. Mit einem kräftigen Spritzer Essig ablöschen und mit wenig Linsensud aufgießen. Gut einkochen lassen und Linsen zugeben. Nur so viel Sud zugießen, dass die Linsen schön sämig bleiben. Mit Salz und Pfeffer kräftig abschmecken.
- Parallel dazu die Speckscheiben in einer Pfanne knusprig braten. In einer weiteren Pfanne die Eier in wenig Fett zu Spiegeleiern braten. Spiegeleier mit Salz und Pfeffer würzen.
- Specklinsen anrichten, je ein Spiegelei darauflegen und mit frisch gehackten Kräutern bestreuen. Mit knusprigem Speck garnieren.

Garzeit: 70–80 Minuten
Beilagenempfehlung: Semmelknödel

Typisch Wien

Wiener Specklinsen sind alles, nur keine kleine Beilage. Ganz im Gegenteil. Mit einem oder zwei Knödeln als „Begleitschutz“ sind Linsen mit Speck immer dann zur Stelle, wenn es besonders großen Hunger zu stillen gilt – in Wiener Beiseln also auch unter der Rubrik „Hauptspeisen“ zu finden.

Zutaten

- 600 g getrocknete Linsen

Für den Linsensud
- 1 Zwiebel
- 1 Karotte
- 2 Lorbeerblätter
- 6 Wacholderbeeren
- 6 Pfefferkörner
- 4 Gewürznelken
- 1 Messerspitze Natron

Für die Würzmischung
- 1 Zwiebel
- 1 KL Kapern
- 1–2 Knoblauchzehen
- ½ Essiggurkerl
- 1 TL scharfer Senf
- 1 TL Sardellenpaste
- etwas abgeriebene Zitronenschale
- frisches Bohnenkraut, Thymian oder Petersilie

Zum Vollenden
- 4 Eier
- 100 g Speckwürfel
- 4–8 Speckscheiben und Kräuter zum Garnieren
- 1 EL Mehl
- Spritzer Essig
- Salz
- Pfeffer
- etwas Butterschmalz oder Öl

Wiener Eierspeis'

Zutaten

- 10–12 Eier
- Salz
- Pfeffer
- Schnittlauch zum Bestreuen
- 2–3 EL Butter

Zubereitung

- Eier in einer Schüssel mit der Gabel nur einige Male kurz verquirlen. Mit Salz und Pfeffer würzen.
- In einer großen Pfanne reichlich Butter aufschäumen lassen und die Eier einfließen lassen.
- Sobald die Eier ganz leicht zu stocken beginnen, mit einer Gabel oder einem Kochlöffel die Eier ständig ein wenig wenden, damit sie rundum zart anziehen, aber noch cremig bleiben.
- Nochmals würzen und auf vorgewärmten Tellern anrichten. Mit Schnittlauch bestreuen.

Garzeit: wenige Minuten
Beilagenempfehlung: Buttersemmerl, frisches Gebäck, aber auch grüner Salat

Typisch Wien

In alten Kochbüchern findet sich häufig ein Kapitel mit sogenannten „Einschiebspeisen", also Gerichten, die an langen Arbeitstagen zwischen den Hauptmahlzeiten „eingeschoben" wurden. Die Eierspeis´ wäre nach unseren heutigen Ernährungsgewohnheiten ein klassisches Beispiel dafür, da sie – abgesehen vom Frühstück – bevorzugt als kleine Mahlzeit zwischendurch genossen wird. Im Alten Wien firmierten unter „Einschiebspeisen", die mitunter als „Gabelfrühstück" bezeichnet wurden, aber auch Deftigkeiten wie gespickter Hasenrücken, Bruckfleisch oder Eingemachtes Kalbfleisch. Kein Wunder, dass der österreichische Dichter Josef Weinheber (1892–1945) dem Wiener Urtypus eines Genussmenschen, dem Phäaken, in seinem Gedichtband *Wien wörtlich* ein wenig schmeichelhaftes Denkmal setzte. „Zum Gabelfrühstück gönn ich mir ein Tellerfleisch, ein Krügerl Bier, schieb an und ab ein Gollasch ein..., ein saftiges Beinfleisch, nicht zu fett, sonst hat man zu Mittag sein Gfrett."

G'röste Knödel mit Ei

Geröstete Knödel mit Ei

Zubereitung

- Knödel je nach Größe halbieren oder ganz lassen und in dünne Scheiben schneiden.
- In einer großen Pfanne etwas Butterschmalz oder Butter zerlassen. Knödel zugeben und nach Geschmack mit einer kleinen Prise Muskatnuss würzen. Bei mittlerer Hitze auf beiden Seiten knusprig rösten.
- Inzwischen die Eier versprudeln, salzen, pfeffern und über die angerösteten Knödel gießen. Stocken lassen.
- Anrichten und vor dem Servieren mit Schnittlauch oder Petersilie bestreuen.

Garzeit: 10–15 Minuten
Beilagenempfehlung: gemischter Blatt-, Tomaten- oder Gurkensalat

Zutaten

- 4 große oder 8 kleine gekochte Semmelknödel
- 4–6 Eier
- Muskatnuss
- Pfeffer
- Salz
- Butterschmalz oder Butter
- Schnittlauch oder Petersilie zum Bestreuen

Gebackener Zeller

Gebackene Selleriescheiben

Zutaten

- 2 Knollen Zeller (Sellerie)
- Salz
- Saft von 1 Zitrone
- kleine Prise Zucker
- Pflanzenöl zum Herausbacken

Für den Backteig

- ca. 125 g Mehl
- 1 Ei
- ca. 100 ml Bier oder Mineralwasser
- Schuss Öl
- Salz

Zubereitung

- Die Sellerieknollen zuputzen, schälen und in etwa fingerdicke Scheiben schneiden.
- In einem Topf Wasser aufstellen, mit Salz, einer kleinen Prise Zucker sowie Zitronensaft würzen und den Sellerie bissfest kochen. Herausheben, auf Küchenpapier gut abtropfen lassen und trockentupfen.
- Für den Backteig das Ei trennen. Eidotter mit Öl sowie Bier verquirlen und mit Mehl rasch verrühren. Kurz rasten lassen.
- Eiklar mit einer Prise Salz zu festem Schnee schlagen und mit der Dottermasse zu einem nicht zu dünnflüssigen Teig verrühren.
- In einer großen Pfanne reichlich Öl stark erhitzen. Zellerscheiben durch den Backteig ziehen und im heißen Öl auf beiden Seiten goldbraun und knusprig herausbacken.
- Aus dem Fett heben, abtropfen lassen und anrichten.

Garzeit: ca. 15 Minuten kochen, 4–8 Minuten herausbacken
Beilagenempfehlung: Reis, Tarhonya, Sauce tartare und Salate

Kelch auf Wiener Art

mit gebratenem Leberkäse

Kohlgemüse

Zutaten

- 750–1000 g Kohlblätter
- 2–3 Erdäpfel
- 2 EL Speckwürfel
- 2 EL Zwiebelwürfel
- 2 EL Butter oder Butterschmalz
- ca. 2 EL Mehl
- 1–2 Knoblauchzehen
- 1 Messerspitze Natron
- 300–500 ml Rind- oder Gemüsesuppe
- 150 g Sauerrahm oder 100 g Crème fraîche
- Salz
- Pfeffer
- Majoran
- Kümmel

Für den gebratenen Leberkäse

- 4 Scheiben Leberkäse
- Pflanzenöl

Zubereitung

- Die abgelösten und zugeputzten Kohlblätter (ohne zu dicke Rippen) in feine Streifen schneiden.
- In einem großen Topf reichlich Salzwasser mit einer Messerspitze Natron aufkochen, Kohl zugeben und etwa 5 Minuten überbrühen. Abseihen und abtropfen lassen.
- Nun die Speck- und Zwiebelwürfel in heißer Butter oder Butterschmalz anschwitzen. Knoblauch einrühren, Mehl darüberstreuen und je nach gewünschter Molligkeit mit mehr oder weniger Suppe aufgießen. Kräftig durchrühren und mit Salz, Pfeffer, Kümmel und Majoran würzen.
- Erdäpfel feinwürfelig schneiden, mit dem Kohl zugeben und alles weich dünsten.
- Gegen Ende der Garzeit Sauerrahm oder Crème fraîche glatt rühren, bei Bedarf (für mehr Sämigkeit) wenig Mehl einrühren und den Kohl damit binden. Vor dem Servieren nochmals abschmecken.
- Inzwischen in einer Pfanne den Leberkäse in etwas heißem Öl auf beiden Seiten anbraten. Herausheben und mit dem fertigen Kohlgemüse anrichten.

Garzeit: Kohl insgesamt 30–45 Minuten, Leberkäse wenige Minuten
Verwendung: auch als Beilage zu gekochtem Rindfleisch

Typisch Wien

Diesen Kelch lassen eingefleischte Wiener nur ungern an sich vorübergehen, handelt es sich doch um den Mundartausdruck für Kohl (ausgesprochen: Kööch), der früher in der Alltagsküche eine recht bedeutende Rolle spielte. Alt-Wiener Kochbücher, wie etwa jenes der legendären Olga Hess, listen eine Vielzahl verschiedener Kelch-Rezepte auf, worunter sich sogar polnische, französische und englische Spielarten tummeln. Kein Wunder, denn Kohl musste mangels Alternativen vor allem eines können: satt machen. Also rangieren Kohl-Gerichte in der Wiener Küche nicht selten als Hauptgericht, was dem gegenwärtigen Trend zu vegetarischen Gerichten sehr entgegenkommt.

Blunz'ngröstl

Blutwurstgröstl

Zutaten

- 500 g Blunz'n (Blutwurst)
- 750 g gekochte Erdäpfel ohne Schale
- 1 große Zwiebel
- je 1 Prise Muskatnuss und Majoran
- Salz
- Pfeffer
- (Butter-)Schmalz oder Öl
- Petersilie oder Schnittlauch zum Bestreuen

Zubereitung

- Geschälte Erdäpfel in Scheiben, die Zwiebel in Ringe oder kleinwürfelig schneiden. Von der Blunz'n die Haut abziehen und Wurst in Scheiben schneiden.
- In einer großen Pfanne etwas Fett erhitzen und die Zwiebel gemeinsam mit den Erdäpfelscheiben zugeben. Mit Salz, Pfeffer, Muskatnuss sowie Majoran würzen und bei mittlerer Hitze (damit die Zwiebelringe nicht zu rasch braun werden) goldbraun anbraten.
- Blutwurst zugeben und nun bei großer Hitze rasch knusprig braten (die Blutwurst wird dabei einerseits weich, bildet aber auch eine knusprige Kruste).
- Auf vorgewärmten Tellern anrichten und vor dem Servieren mit frisch gehackten Kräutern bestreuen.

Garzeit: ca. 15 Minuten
Beilagenempfehlung: warmer Krautsalat

Typisch Wien

Stehen **Blunz'nradeln** auf der Speisekarte, so freut sich der Wiener auf besonders knusprige Scheiben der Blutwurst, die zuvor in Mehl gewälzt oder wie Wiener Schnitzerl paniert und dann in heißem Fett herausgebacken wurden. Die Erdäpfel dazu werden separat, meist als geröstete Erdäpfel, zubereitet. Tipp am Rande: Eine Dame als Blutwurst zu bezeichnen, ist an und für sich nicht besonders originell, in Wien allerdings ein echter Fauxpas. Als „Blunz'n" werden nämlich nur wirklich ganz dumme Frauen tituliert.

Szegediner Krautfleisch

Zutaten

- 600–750 g Schweinefleisch zum Dünsten (Schulter oder Bauchfleisch)
- 500–700 g Sauerkraut
- 2 große weiße Zwiebeln
- 2 gepresste Knoblauchzehen
- 3 EL Schweineschmalz
- 1–2 EL edelsüßes Paprikapulver
- 1 EL Tomatenmark
- Schuss Essig
- Salz
- Kümmel
- Rindsuppe oder Wasser zum Aufgießen
- 1 kleiner Erdapfel und/oder etwas Sauerrahm mit Mehl verrührt zum Binden

Zubereitung

- Die Zwiebeln feinwürfelig, das Schweinefleisch in mundgerechte Würfel schneiden.
- In einem großen Topf das Schmalz erhitzen und die Zwiebeln darin langsam hell anschwitzen. Paprikapulver einstreuen, Tomatenmark sowie Knoblauch einrühren und rasch mit einem Schuss Essig ablöschen. Fleisch einmengen, wenig Rindsuppe oder Wasser zugießen und mit Salz und Kümmel würzen. Zugedeckt auf kleiner Flamme insgesamt etwa 90 Minuten weich dünsten.
- Inzwischen das Sauerkraut abtropfen lassen und einige Male durchschneiden. Nach etwa 50 Minuten das Sauerkraut untermengen und ebenfalls weich dünsten.
- Gegen Ende der Garzeit den Erdapfel direkt hineinreiben und/oder etwas mit Mehl glatt gerührten Sauerrahm einrühren und das Krautfleisch damit mollig einkochen lassen.
- Abschmecken und vor dem Servieren mit etwas Sauerrahm garnieren.

Garzeit: ca. 90 Minuten
Beilagenempfehlung: Salzerdäpfel

Wiener Krautfleckerl

Zubereitung

- Kraut zuputzen, das heißt den Strunk sowie grobe Außenblätter entfernen, übriges Kraut in größere Stücke teilen und diese wiederum feinnudelig oder in kleine Fleckerl (Quadrate) schneiden. In eine Schüssel geben, mit Salz durchkneten und etwa 15–20 Minuten stehen lassen. (Bei sehr zartem, jungem Kraut kann dieser Vorgang entfallen.)
- Inzwischen die Zwiebel in Streifen oder kleine Würfel schneiden.
- In einer Pfanne reichlich Schmalz oder Öl erhitzen, je nach gewünschter Süße mehr oder weniger Zucker einstreuen und karamellisieren lassen. Zwiebelstreifen einmengen und kurz mitrösten. Kraut sanft ausdrücken, zugeben und kräftig mit Salz, Pfeffer sowie nach Wunsch auch mit Kümmel würzen. Zugedeckt bissfest garen (je nach Kraut 15–30 Minuten) und bei Bedarf wenig Rindsuppe oder Wasser zugießen. Das Kraut darf aber nicht in Flüssigkeit gekocht, sondern nur feucht geröstet werden (wiederholt umrühren!). Am Ende sollte das Kraut eine schöne goldgelbe bis bräunliche Farbe haben.
- Währenddessen die Fleckerl nach Anleitung in Salzwasser bissfest kochen, abseihen, kalt abschrecken und abtropfen lassen. Unter das weich gegarte Kraut mengen und nochmals abschmecken.

Garzeit: 15–30 Minuten je nach Kraut
Beilagenempfehlung: Salat

Typisch Wien

Was für die Wiener Paradeissauce gilt, ist auch bei den Krautfleckerln ein MUSS: eine kräftige Prise Zucker. Im Verein mit Kümmel und Pfeffer mag das für Nicht-Wiener ein wenig seltsam klingen, ist es auch, aber die Wiener lieben es trotzdem.

Zutaten

- 200–250 g Fleckerl (kleine Teigware)
- 1 Krautkopf
- 1 große Zwiebel
- 1–3 EL Kristallzucker
- Schuss Rindsuppe oder Wasser bei Bedarf
- Kümmel nach Geschmack
- Pfeffer
- Salz
- Butterschmalz oder Öl

Überbackene Schinkenfleckerl

Zubereitung

- Fleckerl nach Anleitung in Salzwasser bissfest, aber nicht zu weich kochen. Abgießen, kalt abspülen und abtropfen lassen.
- Inzwischen Schinken kleinwürfelig schneiden. Eier trennen und die Dotter mit Sauerrahm, Obers sowie Crème fraîche verrühren. Schinken zugeben und kräftig würzen. Bissfest gekochte Fleckerl einmengen, gut durchmischen und nochmals abschmecken.
- Backrohr auf 180 °C vorheizen, eine passende Backform mit Butter ausstreichen und mit Semmelbröseln bestreuen.
- Eiklar mit einer Prise Salz zu steifem Schnee schlagen und unter die Fleckerl heben. In die vorbereitete Form füllen und mit einigen Butterflöckchen bedecken. Mit Käse-Brösel-Mischung bestreuen und im Backrohr 35–45 Minuten goldgelb backen.

Backzeit: 35–45 Minuten bei ca. 180 °C
Beilagenempfehlung: Salat

Zutaten

- 250–300 g Fleckerl (kleine Teigwaren)
- 250–300 g Geselchtes oder Schinken im Ganzen
- 2–3 Eier
- 200 g Sauerrahm
- 50 g Crème fraîche
- 100–150 ml Schlagobers
- Muskatnuss
- Pfeffer
- Salz
- Butter und Semmelbrösel für die Form
- 4 EL geriebener Käse mit ca. 3 EL Semmelbröseln vermischt

Typisch Wien

Ein Wiener Volkslied aus den 1930er-Jahren beklagt die früher meist recht sparsame Verwendung des teuren Schinkens mit den Worten: „Bei den Schinkenfleckerln spielt oiwäu des Fleisch versteckerln!“ Dank maßvoller Fleischpreise eine Sorge, die heutzutage kaum mehr angebracht ist. Heute scheiden sich die Geister eher an der Frage, ob Schinkenfleckerl überbacken werden sollten oder nicht. Es gibt nämlich eine Fraktion der Schinkenfleckerl-Liebhaber, die den puren Geschmack von buttrigen Nudeln und feinem Schinken eindeutig bevorzugt. Bei ihnen kommen die Fleckerl ganz ohne Eischneemasse und nicht überbacken auf den Teller. Auch das sind Schinkenfleckerl, wenn auch sicher nicht die Originalversion.

Eiernockerl

Zutaten

Für den Nockerlteig
- 300 g Mehl (am besten je 150 g griffig und glatt)
- 3 Eier
- ca. 100 ml Milch
- 2 EL zerlassene Butter
- Muskatnuss
- Salz

Zum Vollenden
- 4–6 Eier
- 100 ml Schlagobers nach Geschmack
- 50 g Butter zum Schwenken
- Salz
- Petersilie oder Schnittlauch zum Bestreuen

Zubereitung

- In einem großen Topf reichlich Salzwasser aufkochen.
- Inzwischen Eier in eine Schüssel schlagen und mit Milch, Mehl, flüssiger Butter sowie je einer Prise Salz und Muskatnuss zu einem glatten, nicht zu festen Teig vermengen. Je nach Konsistenz bei Bedarf noch etwas Milch oder Mehl einarbeiten.
- Teig durch ein Nockerlsieb oder einen Spätzlehobel direkt in das kochende Wasser drücken. (Steht kein Nockerlsieb zur Verfügung, den Teig auf ein Schneidbrett geben und mit dem Messerrücken kleine Nockerl abstechen.) Nockerl einmal kurz aufkochen lassen und, sobald sie aufsteigen, abgießen oder mit einem Schaumlöffel herausheben. Kurz kalt abschrecken und abtropfen lassen.
- In einer Pfanne Butter schmelzen. Gut abgetropfte Nockerl zugeben und durchschwenken.
- Eier in einer Schüssel locker verquirlen, Schlagobers einrühren und salzen. Eier über die Nockerl gießen, durchrühren und gerade so lange auf dem Herd lassen, bis die Eier noch cremig und nicht zu fest gestockt sind.
- Anrichten und vor dem Servieren mit frisch geschnittener Petersilie oder Schnittlauch bestreuen.

Garzeit: wenige Minuten
Beilagenempfehlung: grüner Salat
Verwendung: ohne untergerührtes Ei werden die Nockerl auch gerne als Beilage zu Kalbsgulasch und anderen Gerichten mit Sauce gereicht

Reisfleisch auf Wiener Art

Zubereitung

- Fleisch in mundgerechte Stücke schneiden. Speck sowie Zwiebeln feinwürfelig schneiden. In einem Topf etwas Fett erhitzen und den Speck darin auslassen (anbraten). Zwiebeln hinzufügen und ebenfalls anschwitzen.
- Paprikapulver einstreuen, mit einem kleinen Schuss Suppe aufgießen und Tomatenmark sowie Knoblauch einrühren. Kurz einkochen lassen, dann die Fleischwürfel untermengen und durchrühren. Kräftig mit Salz sowie Pfeffer würzen und zugedeckt eine gute halbe Stunde (je nach Fleischqualität auch länger) halbweich dünsten. Währenddessen nur bei Bedarf wenig Flüssigkeit nachgießen.
- Reis unterrühren, Suppe oder Wasser zugießen und alles (am besten im heißen Backrohr) nochmals gute 30 Minuten fertig garen. Währenddessen ab und zu behutsam umrühren und bei Bedarf noch etwas Flüssigkeit zugießen, am Ende sollte der Reis allerdings eher trocken und die Flüssigkeit aufgenommen worden sein.
- Nochmals abschmecken. Nach Geschmack etwas geriebenen Käse unterrühren, in Tassen füllen und auf vorgewärmte Teller stürzen. Jede Portion noch mit etwas Käse bestreuen.

Garzeit: 60–90 Minuten
Beilagenempfehlung: Salat

Zutaten

- 600–700 g Schweine- oder Kalbfleisch zum Dünsten (Schulter)
- 250 g Reis
- ca. 500 ml Rindsuppe oder Wasser
- 50–100 g Speckwürfel
- 2 große Zwiebeln
- 1 EL edelsüßes Paprikapulver
- 1 KL Tomatenmark
- 1–2 fein gehackte Knoblauchzehen
- Pfeffer
- Salz
- Butterschmalz oder Öl
- geriebener Parmesan oder anderer Hartkäse nach Geschmack

Krautwickel

Krautrouladen

Zutaten

- 1 großer Krautkopf
- 50 g Speckwürfel
- 100 g dünn geschnittene Speckscheiben zum Belegen
- ½–1 EL edelsüßes Paprikapulver
- 1 EL Tomatenmark
- 250 g Sauerrahm
- Majoran
- Pfeffer
- Salz
- etwas Rindsuppe oder Wasser zum Aufgießen
- Butter oder Pflanzenöl

Für die Fülle

- ca. 500 g Faschiertes
- 1–2 Semmeln
- Milch oder Wasser zum Einweichen
- 1 Ei
- 1 kleine Zwiebel
- Majoran
- Pfeffer
- Salz
- 1 EL gehackte Petersilie
- 1–2 zerdrückte Knoblauchzehen
- Butter oder Pflanzenöl

Zubereitung

- Für die Füllmasse zunächst die Semmeln halbieren und in Milch oder Wasser einweichen. Die Zwiebel fein hacken.
- Zwiebelwürfel in etwas Fett anschwitzen, Knoblauch sowie Petersilie einmengen und mitanrösten. Wieder vom Herd nehmen, mit den eingeweichten, gut ausgedrückten Semmeln und dem Ei unter das Faschierte mengen. Kräftig würzen.
- In einem großen Topf reichlich Salzwasser zum Kochen bringen. Grobe Krautaußenblätter und Strunk entfernen, den Krautkopf einlegen und köcheln lassen, bis sich die Blätter nach und nach alle lösen lassen. (Oder Blätter, ohne zu kochen, loslösen und anschließend kurz in siedendem Wasser überbrühen.) Losgelöste Blätter auf Küchenpapier oder einem Küchentuch abtropfen lassen. Übrig gebliebenen Krautrest fein schneiden und beiseite stellen.
- Krautblätter auflegen, dabei etwas flach drücken und in der Mitte eventuell noch etwas einschneiden. Jeweils etwas Fülle auftragen, Krautblätter seitlich einschlagen und zu kleinen Rouladen einrollen.
- Backrohr auf 180 °C Heißluft vorheizen.
- Speckwürfel in etwas Fett anschwitzen, Paprikapulver darüberstreuen, Tomatenmark einrühren und mit etwas Suppe ablöschen. Kurz durchrühren und das geschnittene Kraut untermengen. Kräftig würzen und in eine gut befettete Form geben.
- Krautrouladen daraufsetzen, etwas Suppe zugießen und mit den Speckscheiben belegen. Im Backrohr ca. 50 Minuten garen.
- Etwa 10 Minuten vor Garungsende den Sauerrahm mit einer Prise Salz glatt rühren, über die Krautrouladen gießen und fertig garen.

Garzeit: ca. 50 Minuten
Backrohrtemperatur: 180 °C Heißluft
Beilagenempfehlung: Salzerdäpfel und Paradeissauce

Typisch Wien

Wie das Reisfleisch, das die Wiener Küche durch das Weglassen scharfer Paprikaschoten weg von seiner „serbischen Schärfe" in Richtung milder Saftigkeit adaptierte, etablierten sich auch die Krautwickel durch die multikulturelle Vielvölkerküche der Monarchie in der Donaumetropole. In ihren Heimatländern als „Sarma" bekannt, werden die saftigen Krautrouladen aber bei uns manchmal auch dahingehend „wienifziert", dass man sie in leicht gesüßter Paradeissauce gart und in dieser auch serviert.

Erdäpfelgulasch

Zutaten

- 1 kg (mehlige) Erdäpfel
- 1 Paar Frankfurter und/ oder Debreziner, Hauswürstel etc. nach Wunsch
- 750–1000 ml Rindsuppe oder Wasser zum Aufgießen
- 50 g Speckwürfel
- 150–200 g Zwiebeln
- 1–2 gehackte Knoblauchzehen
- 2 EL edelsüßes Paprikapulver
- 1 KL Tomatenmark
- 1 EL Essig
- Majoran (frisch oder getrocknet)
- Kümmel
- Pfeffer
- Salz
- Sauerrahm und ca. 1 KL Mehl nach Bedarf
- Butterschmalz oder Öl
- frischer Majoran oder Thymian sowie etwas Sauerrahm zum Garnieren

Zubereitung

- Erdäpfel schälen und in mundgerechte Stücke schneiden.
- Zwiebeln kleinwürfelig schneiden und in heißem Schmalz oder Öl bei nicht zu hoher Hitze langsam hell anschwitzen. Sind die Zwiebeln weich, Speckwürfel gemeinsam mit Knoblauch zugeben und bei etwas höherer Temperatur ebenfalls anrösten.
- Nun Paprikapulver darüberstreuen, Tomatenmark zugeben, einmal durchrühren und rasch mit einem Spritzer Essig ablöschen. Ein Drittel bis die Hälfte der Suppe zugießen und einmal aufkochen lassen.
- Erdäpfel einmengen, mit Salz, Pfeffer, Kümmel sowie Majoran würzen und zugedeckt etwa ½ Stunde weich garen. Währenddessen ab und zu umrühren und bei Bedarf so viel Flüssigkeit nachgießen, dass die Erdäpfel knapp bedeckt sind.
- Inzwischen die Würstel in Scheiben schneiden und rund 15 Minuten vor Ende der Garzeit einmengen.
- Ist das Gulasch noch nicht sämig genug, etwas Sauerrahm mit wenig Mehl glatt rühren, zugeben und den Saft sämig einkochen lassen.
- Erdäpfelgulasch nochmals abschmecken und in vorgewärmten Tellern anrichten. Mit frisch gehackten Kräutern bestreuen und jeweils mit einem Tupfen Sauerrahm garnieren.

Garzeit: ca. 40 Minuten

Typisch Wien

Dass manche der Wiener Klassiker im Beisel einfach besser munden als zu Hause, ist keineswegs einem speziellen Geheimrezept zu verdanken, sondern der Tatsache, dass Eintöpfe nach ein- oder mehrmaligem Aufwärmen immer besser schmecken. Dazu zählt auch das Erdäpfelgulasch. Wenn es also so herrlich sämig sein soll wie im Wirtshaus, am besten einen Tag vorher zubereiten!

Der große Genuss

Wiener Schnitzel

mit Petersilerdäpfeln

Zutaten

- 4 schöne, große Schnitzel zu je ca. 150–180 g vom Kalb (ersatzweise auch Schwein oder Pute)
- 2 Eier
- ca. je 150 g griffiges Mehl und Semmelbrösel zum Panieren
- Spritzer Zitronensaft
- Pfeffer
- Salz
- Zitronenscheiben zum Garnieren
- Butterschmalz zum Herausbacken (ersatzweise Pflanzenöl mit etwas Butterschmalz vermischt, siehe dazu auch Text unten)

Zubereitung

- Schnitzel mit einem Schnitzelklopfer nach Geschmack mehr oder weniger dünn ausklopfen. (Dafür Schnitzel am besten mit Frischhaltefolie belegen, damit die zarten Fleischfasern nicht zerstört werden.)
- Salzen, pfeffern und nach Belieben mit einigen Tropfen Zitronensaft beträufeln.
- Eier in einen Teller schlagen und mit einer Gabel locker durchrühren. Mehl sowie Semmelbrösel ebenso in je einen Teller geben. Nun die Schnitzerl zuerst in Mehl wenden, dann durch die Eier ziehen und dabei darauf achten, dass keine Stelle trocken bleibt. Zuletzt auf beiden Seiten in Bröseln wenden und die Panier mit der Rückseite der Gabel behutsam andrücken, damit die Schnitzerl schön „souffl ieren".
- In einer großen Pfanne so viel Butterschmalz (eventuell mit Öl vermischt) erhitzen, dass die Pfanne etwa daumenhoch mit Fett gefüllt ist. Sobald ein kleines Stückchen Butter (oder einige Brösel) im heißen Öl zischend aufschäumt, Schnitzel einlegen. Je nach Stärke 2–4 Minuten goldbraun backen, mit einem Bratenheber wenden und auf der anderen Seite ebenfalls goldbraun backen. Die Schnitzerl dabei keinesfalls mit einer Gabel anstechen, da sonst wertvoller Fleischsaft austritt und die Panier feucht wird!
- Herausheben, auf Küchenpapier abtropfen lassen und mit den vorbereiteten Beilagen servieren. Mit Zitronenscheiben garnieren.

Garzeit: je nach Stärke ca. 4–8 Minuten
Beilagenempfehlung: außer Erdäpfeln auch Reis, Erbsenreis

Typisch Wien

Auslandsösterreicher wissen davon ein Lied zu singen: Das perfekte Wiener Schnitzerl hängt nicht nur vom Know-how ab, sondern auch von den Zutaten. Allen voran vom saftigen Kalbfleisch aus der Schale, denn nur ein Schnitzel vom Kalb darf streng genommen auch als Wiener Schnitzerl bezeichnet werden. Das ändert freilich nichts daran, dass

die Mehrzahl der in der Gastronomie verkauften Wiener Schnitzel fälschlicherweise vom Schwein stammt. Ob selbiges Stück Fleisch nun dünn wie ein Blatt Papier als panierte Riesenflade oder fast fingerdick auf den Teller kommt, bleibt dem persönlichen Geschmack überlassen. Keine Frage des Geschmacks, sondern eine der Ehre ist das Butterschmalz, in dem ein echtes Wiener Schnitzel „im Pfandl", also in der Pfanne und keinesfalls in der Friteuse, herausgebacken werden sollte. Der wunderbar nussige Geschmack lässt sich mit reinem Pflanzenöl schlicht und einfach nicht erzielen. Steht kein Butterschmalz zur Verfügung, so hilft ein recht simpler Trick: Lassen Sie nach dem Wenden der Schnitzerl einen großzügig bemessenen Esslöffel Butter im heißen Öl zerlaufen und übergießen Sie die Schnitzel mit Hilfe eines Löffels nochmals mit dem – nunmehr leicht nussigen – Öl. Und schließlich sind da noch die feinen österreichischen Semmelbrösel. Nur sie haben die richtige Geschmeidigkeit und lassen die Panier so richtig „soufflieren", sprich luftige Blasen werfen. Mit groben Bröseln wird sich immer nur grob panieren lassen. Aber auch dagegen gibt es Abhilfe: Schneiden Sie ein paar altbackene, entrindete Semmeln in Würfel, lassen Sie diese über Nacht trocknen und reiben Sie das Weißbrot dann mit einer Küchenmaschine zweimal hintereinander zu sehr feinen Bröseln. Apropos Brösel: Einer der vielen Legenden nach soll das Wiener Schnitzerl in Italien seinen Ursprung haben, als es in der Renaissance zum guten Ton gehörte, Speisen mit Blattgold zu belegen. Als dafür das Geld ausging, behalf man sich mit den goldenen Bröseln. Doch wer jemals in Italien ein Costoletta Milanese verkostete, weiß, dass das Wiener Schnitzerl auf dem Weg nach Norden über die Alpen eine gehörige Veränderung erfahren haben muss. Beides probiert, kein Vergleich!

Petersilerdäpfel

Zutaten

- 750 g festkochende Erdäpfel (am besten Heurige, Kipfler etc.)
- Salz
- 2 EL Butter
- 3–4 EL frisch geschnittene Petersilie

Zubereitung

- Erdäpfel schälen und in Salzwasser je nach Größe 18–25 Minuten weich kochen.
- Herausheben und abtropfen lassen. In einem Topf Butter schmelzen lassen, die Erdäpfel darin kurz durchschwenken und mit der Petersilie bestreuen. Nochmals salzen.

Garzeit: je nach Größe 15–25 Minuten

Forelle Müllerin
mit Paradeissalat

Zubereitung

- Forellen waschen, trockentupfen und innen gut mit Salz und Pfeffer würzen. Außen salzen und die Forellen beidseitig in Mehl wälzen.
- In einer großen Pfanne – am besten in 2 Fischpfannen – etwa 1/3 der Butter schmelzen lassen, die Forellen einlegen und je nach Größe 5–8 Minuten braten. Behutsam wenden (Achtung, dass die Haut nicht am Pfannenboden haften bleibt!) und auf der anderen Seite ebenfalls braun braten.
- Vorsichtig herausheben und die Forellen auf bereits vorgewärmten Tellern anrichten. Mit Alufolie abdecken oder im nicht zu stark vorgeheizten Backrohr kurz warm stellen.
- Restliche Butter in der Pfanne schmelzen lassen, einen kräftigen Spritzer Zitronensaft hinzufügen und die Kräuter zugeben. Rasch durchrühren und über die Forellen träufeln.

Garzeit: 10–18 Minuten je nach Größe
Beilagenempfehlung: Erdäpfel und Salate

Zutaten

- 4 Forellen (oder Saiblinge)
- Zitronensaft
- Mehl zum Wenden
- Pfeffer
- Salz
- ca. 150 g Butter
- 3–4 EL gehackte Kräuter (Petersilie, Estragon oder Kerbel)

Paradeissalat

Zubereitung

- Paradeiser nach Geschmack schälen: Dafür obenauf kreuzweise einschneiden, kurz in siedendem Wasser überbrühen und dann die Haut abziehen. In Scheiben schneiden.
- Öl, Essig und etwas Wasser mit den Gewürzen zu einer Marinade verrühren. Über die Paradeiser gießen und etwas ziehen lassen.
- Inzwischen die Zwiebel fein schneiden, über die Paradeiser verteilen und sanft durchmischen. Nochmals abschmecken.

Zutaten

- 600–750 g Paradeiser
- 1 rote oder weiße Zwiebel
- 6–8 EL Pflanzenöl
- 2–3 EL Weinessig
- Prise Zucker
- Pfeffer
- Salz

Hechtnockerl mit Dillsauce

Zutaten

- 400–500 g entgrätetes Hechtfilet (oder beliebig anderes Fischfilet)
- 200–250 ml kaltes Schlagobers
- 125 ml Milch
- 1 ½ EL Butter
- ca. 100 g Mehl
- 3 Eidotter
- weißer Pfeffer
- Salz
- Muskatnuss
- Zitronensaft

Für den Sud
- einige Gewürznelken
- 1 Lorbeerblatt
- 1 halbierte Zwiebel
- Salz

Zubereitung

- Milch in einen Topf gießen, Butter zugeben und langsam aufkochen lassen. Mehl einrühren und unter ständigem Rühren so lange weiter erhitzen, bis sich die Masse vom Topfrand löst. Mit Salz, weißem Pfeffer und etwas Muskatnuss würzen. Die Eidotter unter kräftigem Rühren einmengen. Vom Feuer nehmen, etwas auskühlen lassen und nach Belieben passieren.
- Hechtfilet überprüfen, ob es wirklich gut entgrätet ist. Gemeinsam mit der kalten Brandteigmasse durch den Fleischwolf drehen (faschieren), eventuell nochmals passieren und mit dem kalten Obers vermengen. Fischmasse abschmecken und mit einem Spritzer Zitronensaft abrunden. In den Kühlschrank stellen, bis die Masse gut durchgekühlt ist.
- Für den Sud die Gewürze in ein Teesäckchen binden und mit der halbierten Zwiebel in Salzwasser aufkochen. Etwa 5 Minuten zugedeckt kochen lassen.
- Mit zwei Esslöffeln aus der Masse kleine Nockerl stechen, einlegen und die Nockerl im leicht wallenden Sud so lange ziehen lassen, bis sie an die Oberfläche steigen (dabei aber nicht mehr stark kochen lassen!).
- Herausheben, abtropfen lassen und mit der Dillsauce anrichten.

Garzeit: 7–10 Minuten je nach Größe
Beilagenempfehlung: Salzerdäpfel, warme Kräuter- oder Champignonsauce

Dillsauce

Zubereitung

- Dille fein hacken. Zwiebelwürfel und nach Belieben auch die Dillstängel in heißer Butter anlaufen lassen, Mehl einrühren und kurz anziehen lassen. Mit Fond oder Suppe langsam aufgießen und dabei kräftig rühren. Etwa 10 Minuten köcheln lassen.
- Sauce passieren und wieder aufsetzen.
- Sauerrahm glatt rühren, mit der gehackten Dille sowie Schlagobers zugeben und die Sauce mit einem Schuss Essig, einer Prise Zucker und Salz würzen. Auf die gewünschte Konsistenz einkochen lassen.

Garzeit: 15–20 Minuten
Verwendung: Dillsauce wird in der Wiener Küche auch gerne zu gekochtem Rindfleisch gereicht.

Zutaten

- ½ Bund Dille
- 2 EL gehackte Zwiebelwürfel
- 2 EL Butter
- 2 EL Mehl
- 400–500 ml Fischfond oder klare Gemüsesuppe (evt. auch Kochsud von den Hechtnockerln)
- 150 g Sauerrahm
- 50–100 ml Schlagobers
- Salz
- Schuss Essig
- Prise Zucker

Gebackener Karpfen
mit Mayonnaisesalat

Zutaten

- 4 große oder 8 kleine Karpfenfilets (nach Belieben geschröpft; ersatzweise auch andere Fischfilets wie Waller, Zander oder Kabeljau)
- 2 Eier
- ca. je 150 g griffiges Mehl und Semmelbrösel zum Panieren
- Spritzer Zitronensaft
- Salz
- Zitronenscheiben zum Garnieren
- Pflanzenöl zum Herausbacken

Zubereitung

- Die Karpfenfilets waschen, trockentupfen, mit Salz würzen und mit etwas Zitronensaft beträufeln.
- Mehl und Brösel in je einem Teller vorbereiten, die Eier in einen anderen Teller schlagen und locker verrühren.
- Nun jedes Karpfenfilet zuerst in Mehl wenden, durch die Eier ziehen und zuletzt in den Bröseln wälzen.
- In einer großen Pfanne reichlich Öl erhitzen und die panierten Karpfenfilets auf beiden Seiten darin knusprig und goldbraun herausbacken.
- Vorsichtig herausheben, auf Küchenpapier abtropfen lassen und anrichten. Mit Zitronenscheiben garnieren und mit dem vorbereiteten Mayonnaisesalat servieren.

Garzeit: ca. 15 Minuten
Beilagenempfehlung: auch Petersilerdäpfel und Salat

Typisch Wien

Als große Fischesser sind die Wiener nicht bekannt. Doch wenn sie einmal Fisch essen, dann muss er paniert sein und in Begleitung einer möglichst deftigen Beilage serviert werden. Wie etwa jener des sündigen Mayonnaisesalates. Wer dahinter viel Blattsalat mit ein wenig Mayonnaisegarnitur vermutet, liegt jedoch völlig falsch. Vielmehr spielen hier neben einer erklecklichen Menge Mayonnaise sättigende Erdäpfel die Hauptrolle. Sind halt doch Schlawiner, die Wiener!

Mayonnaisesalat

Zubereitung

- Die Erdäpfel weich kochen, kurz überkühlen lassen und noch heiß schälen.
- In einer Schüssel mit Salz und Pfeffer würzen. Einen Schuss Essig mit etwas Wasser verdünnen und mit einer Prise Staubzucker sowie Senf gut verrühren. Unter die Erdäpfel mengen und abkühlen lassen.
- Überschüssige Marinade abgießen und die Mayonnaise einmengen. Behutsam umrühren und vor dem Servieren mit frisch geschnittenem Schnittlauch bestreuen.

Garzeit: Erdäpfel je nach Sorte 15–25 Minuten
Verwendung: ideal zu allem in Fett Herausgebackenen, wie etwa gebackener Leber, Leberkäse, Champignons, Karfiolröschen etc.

Zutaten

- 600–750 g Erdäpfel (Kipfler oder andere speckige Erdäpfel)
- ca. 250 g Mayonnaise
- 1 Mokkalöfferl Senf
- Schuss Essig
- Prise Staubzucker
- Pfeffer
- Salz
- Schnittlauch zum Bestreuen

Karpfen serbisch
mit Gurkensalat

Zutaten

- 4 große oder 8 kleine Karpfenfilets (nach Belieben geschröpft)
- ca. 6 gepresste Knoblauchzehen nach Geschmack
- 1–2 EL edelsüßes Paprikapulver
- Pfeffer
- Salz
- Mehl zum Wenden
- Pflanzenöl und Butterschmalz
- Knoblauchbutter (Butter mit Knoblauch und Kräutern vermengt) als Garnitur

Zubereitung

- Fischfilets waschen und trockentupfen. Nicht geschröpfte Filets auf der Hautseite einige Male der Quere nach einschneiden.
- In einer kleinen Schüssel das Paprikapulver mit Salz, Pfeffer, Knoblauchzehen und etwas Öl verrühren. Die Karpfenfilets damit gut einstreichen und kurz ziehen lassen.
- In eine Pfanne Butterschmalz und/oder Pflanzenöl etwa zwei Finger hoch einfüllen und erhitzen.
- Karpfenfilets in Mehl wenden und im heißen Fett auf beiden Seiten knusprig braten. Herausheben, auf Küchenkrepp abtropfen lassen und anrichten.
- Jedes Filet mit einem Stückchen Knoblauchbutter garnieren und dieses bei Tisch schmelzen lassen.

Garzeit: ca. 15 Minuten
Beilagenempfehlung: Tarhonya (ungarische Teigware), Salzerdäpfel, Petersilerdäpfel, gedünstetes Paprikagemüse und Salate

Gurkensalat

Zutaten

- 1 sehr große oder 2 kleinere Salatgurken
- 1–2 gepresste Knoblauchzehen
- 2 EL milder Essig (kein Balsamicoessig!)
- 4 EL Pflanzenöl
- Pfeffer
- Salz
- Paprikapulver zum Garnieren

Zubereitung

- Die Gurken schälen und auf einem Gurkenhobel fein hobeln. In eine Schüssel geben und großzügig mit Salz vermengen. Einige Male durchkneten und ungefähr ½ Stunde ziehen lassen.
- Inzwischen das Öl mit dem gepressten Knoblauch, Essig und Pfeffer vermengen und zu einer Marinade verrühren.
- Gurken in ein Sieb geben und das Wasser herausdrücken (oder mit den Händen ausdrücken). Mit der Marinade vermischen, nochmals mit Salz abschmecken und vor dem Servieren mit Paprikapulver bestreuen.

Naturschnitzerl

mit Risipisi

Zutaten

- 4 Kalbsschnitzerl zu je 150–180 g (ersatzweise Schweinslungenbraten, Schweine- oder Putenfleisch)
- ca. 250 ml Rindsuppe oder Wasser (noch besser etwas Kalbsjus)
- Mehl
- Salz
- Pfeffer
- 3 EL kalte Butter für den Saft
- Butterschmalz oder Butter zum Braten

Zubereitung

- Schnitzerl zart mit einem Schnitzelklopfer klopfen, am Rand leicht einschneiden und mit Salz sowie Pfeffer würzen.
- In einer großen Pfanne oder besser 2 Pfannen (das Fett darf beim Einlegen der Schnitzerl nicht zu stark abkühlen!) Butterschmalz oder Butter stark erhitzen. Schnitzerl auf einer Seite in Mehl wenden und mit dieser Seite zuerst kurz anbraten. Wenden und ebenfalls nur rasch anbraten. Die Schnitzerl dabei durch Schwingen der Pfanne etwas hin- und her bewegen.
- Wieder herausheben und in Alufolie gehüllt warm halten.
- Überschüssiges Fett aus der Pfanne abgießen. Nochmals etwas frische Butter zugeben und alles mit Rindsuppe oder Wasser ablöschen. Kräftig auf- und einkochen lassen. Mit Salz und Pfeffer abschmecken.
- Hat der Saft die richtige Konsistenz, Hitze völlig reduzieren, kalte Butterstücke einrühren und den Saft damit binden. Schnitzerl wieder einlegen und unter einmaligem Wenden kurz ziehen, aber nicht mehr kochen lassen.
- Mit dem vorbereiteten Risipisi anrichten.

Garzeit: ca. 5 Minuten
Beilagenempfehlung: auch Butterreis, gekochte Gemüse und Salat

Risipisi

Zubereitung

- Die Schalotte sehr fein schneiden und in heißer Butter hell anschwitzen. Reis zugeben, kurz durchrühren und, sobald er glasig wird, mit etwa 2/3 der Rindsuppe oder mit Wasser aufgießen.
- Einmal aufkochen lassen, dann die Hitze auf das Minimum reduzieren und den Reis zugedeckt ca. 10 Minuten dünsten.
- Erbsen zugeben, durchrühren und mit Salz würzen. Etwa weitere 15–20 Minuten weich dünsten. Dabei bei Bedarf Flüssigkeit nachgießen, wobei der Reis am Ende eher locker und nicht zu pampig sein sollte.
- Fertigen Reis mit einigen Butterflocken abrunden.

Garzeit: je nach Sorte 25–30 Minuten

Zutaten

- 1 große Tasse Reis
- 250–300 g frische, ausgelöste Erbsen (oder aufgetaute Tiefkühlerbsen)
- 1 Schalotte oder 2 Jungzwiebeln
- 2–2 ½ Tassen Rindsuppe oder Wasser zum Aufgießen
- Salz
- Butter

Kaiserschnitzel
mit ungarischer Tarhonya
Rahmschnitzel

Zutaten

- 4 Kalbsschnitzerl zu je 150–180 g (ersatzweise Schweinslungenbraten, Schweine- oder Putenfleisch)
- 2–3 EL Butter für die Sauce
- ½–1 knapper EL Mehl für die Sauce
- 150 ml Rindsuppe (oder Kalbsjus)
- 100 ml Schlagobers
- 50 g Sauerrahm
- 1 KL gehackte Kapern
- Saft von 1/2 Zitrone
- geriebene Zitronenschale
- Pfeffer
- Salz
- Mehl zum Wenden
- Butterschmalz oder Butter
- gehackte Petersilie

Zubereitung

- Schnitzerl zart mit einem Schnitzelklopfer klopfen, am Rand leicht einschneiden und mit Salz sowie Pfeffer würzen.
- In einer großen (oder 2 kleineren) Pfanne etwas Butterschmalz oder Butter erhitzen. Die Schnitzerl auf einer Seite in Mehl tauchen und im heißen Fett rasch mit der bemehlten Seite nach unten anbraten. Wenden, ebenfalls kurz goldbraun braten und herausheben. In Alufolie gehüllt warm halten.
- Nun überschüssiges Fett aus der Pfanne abgießen und frische Butter für die Sauce aufschäumen lassen. Mehl darüberstreuen, mit Suppe aufgießen und einmal kräftig aufkochen lassen. Schlagobers zugießen und Kapern sowie Zitronenschale einmengen. Sauce einkochen lassen. Mit Zitronensaft, Salz und Pfeffer abschmecken.
- Sauerrahm glatt rühren, in die Sauce einrühren und die Schnitzerl wieder einlegen. Mit der Sauce überziehen und unter einmaligem Wenden bei reduzierter Hitze noch kurz ziehen lassen.
- Auf vorgewärmten Tellern anrichten und nach Belieben mit gehackter Petersilie bestreuen.

Garzeit: je nach Stärke 5–8 Minuten
Beilagenempfehlung: Reis, Nudeln und Salat

Ungarische Tarhonya (Reibgerstl)

Zubereitung

- Bereits am Vortag Mehl, Eier, eine kräftige Prise Salz und sehr wenig Wasser zu einem recht festen Teig verarbeiten (am besten in der Küchenmaschine).
- Zu einer Kugel formen und rasten lassen.
- Auf einem Reibeisen zu winzigen Körnchen reiben und diese locker, auf einem bemehlten Brett ausgebreitet, über Nacht trocknen lassen.
- Dann Speck feinwürfelig schneiden und in etwas heißer Butter oder Butterschmalz auslassen. Tarhonya zugeben und kurz anrösten.
- Paprikapulver einrühren, rasch mit Suppe oder Wasser aufgießen und einmal aufkochen lassen. Hitze reduzieren und Tarhonya zugedeckt 15–20 Minuten weich dünsten. Dabei ab und zu umrühren und bei Bedarf noch Flüssigkeit nachgießen.
- Mit Salz abschmecken. Vor dem Servieren kurz offen stehen lassen oder im mäßig warmen Backrohr etwas ziehen lassen. (Die Tarhonya sollte am Ende schön locker sein.)

Garzeit: 15–20 Minuten
Verwendung: Tarhonya passt überall dort als Beilage, wo auch andere Teigwaren (Hörnchen, Spiralen etc.) und Reis schmecken.

Zutaten (oder bereits fertig gekaufte Tarhonya verwenden)

Für den Teig
- ca. 300 g Mehl
- 2 Eier
- Salz

Zum Fertigstellen
- 50 g Speck
- 2 EL Butter oder Butterschmalz
- 1 EL Paprikapulver
- ca. 600 ml Rindsuppe oder Wasser

Gefüllte Kalbsbrust
mit Butterreis

Zutaten

- 1 untergriffene (eingeschnittene) Kalbsbrust mit 1,5–2 kg ohne Knochen (Rippen)
- einige Kalbsknochen
- Rindsuppe oder Wasser zum Aufgießen
- Mehl zum Stauben
- Salz
- Pfeffer

Für die Fülle (oder Semmelknödelmasse s. S. 72 verarbeiten)

- 4–5 altbackene Semmeln (je nach Größe der Kalbsbrust)
- 2 Eier
- 50–60 g Butter
- 1 kleine Zwiebel
- 2 EL gekochter Schinken (Geselchtes) nach Belieben
- 1 EL fein gehackte Petersilie
- Milch nach Bedarf
- Brösel nach Bedarf
- Muskatnuss
- Salz
- Pfeffer
- Butter oder Butterschmalz

Zubereitung

- Sollte die Kalbsbrust noch nicht untergriffen sein, an der Schmalseite mit einem langen, scharfen Messer behutsam eine Öffnung einschneiden und diese zu einer größeren Tasche nach hinten hin einschneiden.
- Fleisch innen sowie außen gut mit Salz und Pfeffer würzen.
- Für die Fülle Zwiebel sowie nach Belieben auch den Schinken fein schneiden und in etwas heißer Butter hell anlaufen lassen. Petersilie zugeben und wieder vom Herd nehmen. Semmeln in Milch einweichen, ausdrücken und nach Belieben passieren oder fein zerkleinern.
- Die Eier trennen und die Dotter mit Butter schaumig rühren. Mit Salz, Pfeffer und Muskatnuss kräftig würzen. Mit der Semmel- und Zwiebelmasse sowie Eiklar vermengen und alles zu einer konsistenten Masse verarbeiten. Nochmals abschmecken. Je nach Konsistenz noch etwas Milch zugießen oder Brösel einarbeiten. Masse 15 Minuten rasten lassen.
- Inzwischen das Backrohr auf 200 °C vorheizen.
- Gewürzte Kalbsbrust mit der Masse füllen und die Öffnung vernähen. Knochen in die Bratenform einordnen, die Kalbsbrust mit der schönen Seite nach unten einlegen und eine halbe Stunde braten. Wenden, Hitze auf 180–170 °C reduzieren und noch ca. 1 ½–2 Stunden fertig braten. Währenddessen regelmäßig mit Bratensaft übergießen und frische Suppe oder Wasser nachgießen. (Das zarte Kalbfleisch darf nicht austrocknen!)
- Kalbsbrust herausheben und in Alufolie gehüllt mindestens 15 Minuten rasten lassen.
- Bratrückstand mit etwas Mehl stauben, kurz durchrösten und rasch mit Rindsuppe oder Wasser ablöschen. Einkochen lassen. (Je mehr aufgegossen wird, desto länger sollte der Saft danach einkochen.)
- Gefüllte Kalbsbrust tranchieren und mit ein wenig abgeseihtem Saft beträufeln, den restlichen Saft in einem Saucenkännchen dazu servieren.

Garzeit: 2–2 ½ Stunden
Backrohrtemperatur: 200 °C auf 180–170 °C fallend
Beilagenempfehlung: Erbsen, Buttergemüse, Salate

Butterreis

Zubereitung

- Schalotte schälen und mit einigen Gewürznelken spicken (Nelken einfach hineinstecken).
- In einem Topf etwas Butter schmelzen, Reis ganz kurz darin anschwitzen und rasch mit nicht ganz der doppelten Menge Rindsuppe oder Wasser aufgießen. Salzen und die gespickte Schalotte zugeben. Hitze reduzieren und den Reis zugedeckt auf kleiner Flamme je nach Sorte 15–20 Minuten weich garen. Währenddessen möglichst nicht umrühren und nur bei Bedarf noch etwas Flüssigkeit zugießen.
- Schalotte wieder entfernen, Reis auflockern und ohne Deckel (am besten im mäßig warmen Backrohr) einige Minuten ausdünsten lassen. Einige Butterflocken unterrühren und nochmals abschmecken.

Garzeit: 15–20 Minuten, einige Minuten ausdünsten

Zutaten

- 1 größere Tasse Reis
- ca. 2 Tassen Rindsuppe oder Wasser
- 1 Schalotte oder ½ Zwiebel
- einige Gewürznelken
- Salz
- Butter

Typisch Wien

Im Unterschied zu den mediterranen Gepflogenheiten erfährt Reis in der Wiener Küche meist eine sehr schlichte Zubereitungsweise. Kochen oder dünsten, ein wenig würzen, vielleicht mit Erbsen verfeinern – das ist schon alles, was ihm an Zuwendung zuteil wird. Hauptsache, die Körnchen sind schön locker und eignen sich somit gut zum Aufsaugen von g´schmackigem Bratensaft und feinen Saucen! Diese Funktion hat der Reis auch als Begleiter zur gefüllten Kalbsbrust inne, denn als Sättigungsbeilage wäre er bei der handfesten Füllmasse wahrlich nicht vonnöten. Eine Wiener Eigenheit, die manchem Risotto-Liebhaber sicher kalte Schauer über den Rücken jagt. Aber, wie heißt es doch in einem Tourismusslogan so schön? Wien ist anders! Auch beim Reis.

Tafelspitz

mit Rösterdäpfeln, Schnittlauchsauce und Apfelkren

Zubereitung

- Knochen und Fleisch unter fließendem kaltem Wasser waschen. Die ungeschälte Zwiebel der Breite nach halbieren und in einer (alten) Pfanne an den Schnittflächen ohne Fett dunkel anrösten. Wieder vom Herd nehmen.
- In einem großen Suppentopf reichlich Wasser aufsetzen. Wurzelgemüse grob würfeln und mit den Knochen zugeben. Gewürze bis auf Salz ebenso hinzufügen wie die Zwiebelhälften, Paradeiser und Kräuterstängel. Sobald das Wasser kocht, Fleisch einlegen, einmal aufkochen lassen und dann bei eher sehr niedriger Hitze je nach Fleischqualität 2 1/2–3 Stunden (oder auch länger) weich garen. Währenddessen aufsteigenden Schaum mit einem Lochschöpfer abschöpfen.
- Inzwischen das Suppengemüse zum Mitservieren kleinwürfelig schneiden und am besten in etwas Suppe getrennt weich kochen.
- Weich gegarten Tafelspitz herausheben und unbedingt quer zur Fleischfaser aufschneiden (andernfalls schmeckt das Fleisch zäh!!). Fleisch in etwas Suppe kurz warm halten.
- Suppe abseihen und nach Geschmack salzen. Tafelspitz auf vorgewärmten Tellern anrichten und mit wenig heißer Suppe übergießen (oder in reichlich Suppe in einer großen dekorativen Suppenschüssel oder einem Kupferkessel anrichten). Mit dem knackig gekochten Suppengemüse garnieren.
- Vor dem Servieren mit frisch geschnittenem Schnittlauch, und nach Geschmack mit grobem Meersalz bestreuen.
- Wurden auch Markknochen mitgekocht, Mark herauslösen, klein schneiden und auf getoastetes Schwarzbrot streichen. Mit Salz sowie Pfeffer würzen und getrennt dazu servieren.

Garzeit: 2 ½–3 Stunden (oder auch länger)
Beilagenempfehlung: zusätzlich auch noch Erdäpfelschmarren, Semmelkren, Dillfisolen oder Cremespinat

Zutaten für 6 Portionen

- 1 Stück Tafelspitz mit ca. 1,5 kg (oder Kruspelspitz, Kavalierspitz, Hieferscherzel; für Rindsuppe statt Tafelspitz ein kleineres Stück Beinfleisch)
- einige Rindsknochen, wenn möglich auch Markknochen
- Wurzelgemüse (Karotten, Petersilwurzel, Sellerieknolle, gelbe Rüben) und 1 Stück Lauch zum Mitkochen
- Suppengemüse (Karotten, Rüben etc.) nach Belieben zum Mitservieren
- 1 große Zwiebel
- eventuell 2 Paradeiser
- 2–3 Lorbeerblätter
- 6–8 Pfefferkörner
- Stängel von Petersilie und/oder Liebstöckel
- gehackter Schnittlauch und grobes Salz zum Bestreuen
- Salz
- getoastetes Schwarzbrot nach Bedarf (für die Markscheiben)

Rösterdäpfel

Zutaten

- 600–750 g gekochte speckige Erdäpfel
- 1–2 Zwiebeln
- Butterschmalz oder Pflanzenöl zum Braten
- Majoran
- Pfeffer
- Salz
- frisch gehackte Petersilie nach Belieben

Zubereitung

- Die bereits gekochten, ausgekühlten Erdäpfel schälen und auf einem Reibeisen grob reißen. Mit Salz, Pfeffer und Majoran würzen. Zwiebeln fein schneiden.
- Schmalz in einer großen Pfanne erhitzen und die Erdäpfel zugeben. Knusprig anbraten, mit einem Bratenwender wenden und auf der anderen Seite ebenfalls goldbraun und knusprig braten. Dabei nach etwa 10 Minuten die Zwiebeln unterrühren und hell anrösten. (Die Rösterdäpfel sollten beim Wenden nicht zu sehr auseinandergerissen werden.)
- Nochmals abschmecken, anrichten und nach Belieben mit gehackter Petersilie bestreuen.

Garzeit: 15–20 Minuten
Verwendung: Rösterdäpfel sind in der Wiener Küche eine sehr beliebte Beilage, neben Tafelspitz auch zu Ragouts, gerösteter Leber oder faschierten Laibchen.

Apfelkren

Zutaten

- 3 größere Äpfel
- 2–3 EL (je nach gewünschter Schärfe) frisch gerissener Kren
- 2–3 EL Pflanzenöl
- ein bisschen heiße Rindsuppe nach Wunsch
- ca. 1 EL Zitronensaft
- 1–2 KL Zucker
- Pfeffer
- Salz

Zubereitung

- Den frisch gerissenen Kren mit Öl und Zucker gut verrühren. Nach Wunsch mit ganz wenig heißer Rindsuppe vermengen und mit Salz sowie Pfeffer würzen.
- Äpfel nach Wunsch würfelig schneiden, kurz in etwas gewürztem heißem Wasser dünsten (so bleibt der Apfelkren heller) und dann zerkleinern oder gleich auf einem Reibeisen reißen (reiben). Rasch mit Zitronensaft vermengen und unter die Krenmasse rühren. Nochmals abschmecken.

Verwendung: als klassische Beilage für Tafelspitz, aber auch zum Garnieren von kalten Platten oder Geselchtem

Schnittlauchsauce

Zubereitung

- Die Rinden der Semmeln mit einem scharfen Messer entfernen und die Semmeln mit Milch beträufeln. Ziehen lassen.
- Dann die geschälten Eier gemeinsam mit der Semmelmasse mit dem Mixstab pürieren (oder durch ein Sieb passieren). Mit einer kleinen Prise Zucker, einem kräftigen Spritzer Essig sowie Salz würzen und das Öl ganz langsam nach und nach unter kräftigem Rühren einmixen oder -rühren, bis die Masse wie eine Mayonnaise bindet.
- Mit etwas Senf und Pfeffer pikant abschmecken sowie mit Crème fraîche oder Sauerrahm abrunden.
- Schnittlauch in feine Röllchen schneiden und erst unmittelbar vor dem Servieren einrühren.

Verwendung: klassische Beilage zu Tafelspitz und anderen Wiener Siedefleischgerichten

Zutaten

- 1 Bund Schnittlauch
- 2 ½–3 Semmeln vom Vortag
- 3 hart gekochte Eier
- ca. 130 ml Milch zum Einweichen
- 100–150 ml Pflanzenöl
- 2 EL Crème fraîche oder Sauerrahm zum Abschmecken
- 1 Mokkalöffel Estragon- oder scharfer Senf
- Spritzer Essig
- Prise Zucker
- Salz
- Pfeffer

Typisch Wien

Das einstige Lieblingsgericht Kaiser Franz Josephs erfreut sich in der Wiener Küche nach wie vor größter Beliebtheit. Auch unter jungen Leuten. Das mag zum einen an den Beilagen – gesunde Fisolen und Spinat, erfrischender Kren und feine Erdäpfel – liegen, zum anderen aber auch am kalorienarmen Rindfleisch, das für Tafelspitz verwendet wird. Besonders begehrt sind dabei Kavalier- und Kruspelspitz, aber auch Schulterscherzel und -schwanzel sowie Mageres Meisel stehen bei Liebhabern des Wiener Siedefleisches ganz hoch im Kurs. Für all jene, denen sich diese geheimnisvoll klingenden Bezeichnungen wenig bis gar nicht erschließen, zum Trost: Die Wiener Einteilung des Rindfleisches in seine essbaren Stücke ist eine ganz spezielle und wird schon kurz hinter den Landesgrenzen zum Burgenland oder zu Niederösterreich nicht mehr ganz nachvollzogen. Muss sie auch nicht. Hauptsache, Sie verwenden qualitativ hochwertiges Rindfleisch zum Sieden. Egal, wie es heißt.

Fiakergulasch
mit Salzerdäpfeln
Saftgulasch

Zutaten

- 1 kg durchzogenes Rindfleisch (Wadschunken oder Rindsschulter)
- 600 g Zwiebeln
- 3 EL edelsüßes Paprikapulver
- Schuss Essig
- 1 KL Tomatenmark
- 2–3 gepresste Knoblauchzehen
- Kümmelpulver
- Majoran
- Pfeffer
- Salz
- 4–5 EL Butterschmalz oder Pflanzenöl

Für die Fiakergulasch-Garnitur
- 2 Paar Frankfurter Würstel (oder Debreziner)
- 4 Eier
- 4 Essiggurkerl
- rote Paprikastreifen
- Butter

Zubereitung

- Das Fleisch zuputzen (Sehnen etc. entfernen) und in mundgerechte Stücke (nicht zu kleine Würfel) schneiden. Zwiebeln blättrig schneiden.
- Schmalz oder Öl in einem großen, breiten Topf kräftig erhitzen. Zwiebeln zugeben, Hitze reduzieren und Zwiebeln möglichst langsam so lange anschwitzen, bis sie schön weich geworden sind. (Je länger die Zwiebeln angeschwitzt werden, desto besser schmeckt danach der Saft!) Dabei wiederholt umrühren.
- Paprikapulver darüberstreuen, rasch mit je einem Schuss Essig und Wasser ablöschen, Tomatenmark und Knoblauch zugeben und kurz durchrühren. Rindfleischwürfel einmengen und mit Salz, Pfeffer, Majoran sowie Kümmel würzen.
- Nun so viel Wasser zugießen, dass das Fleisch knapp davon bedeckt ist. Gulasch unter mehrmaligem Umrühren je nach Fleischqualität 2 ½–3 Stunden weich dünsten. Währenddessen die Flüssigkeit wiederholt einkochen lassen und jedes Mal nur mit wenig Wasser wieder aufgießen, damit der Saft am Ende schön mollig wird.
- Für die Fiakergulasch-Garnitur am Ende der Garzeit die Würstel in heißem Wasser ca. 10 Minuten ziehen lassen. Die Eier in einer Pfanne in etwas Butter zu wachsweichen Spiegeleiern braten. Die Gurkerl fächerartig einschneiden und etwas auseinanderziehen.
- Fertiges Gulasch nochmals abschmecken und anrichten. Einfaches Saftgulasch nur mit Salzerdäpfeln servieren. Für Fiakergulasch jede Portion mit je einem Würstel, einem Spiegelei und einem Gurkerlfächer garnieren. Obenauf mit roten Paprikastreifen dekorieren.

Kochzeit: Gulasch 3–3 ½ Stunden
Beilagenempfehlung: außer Salzerdäpfeln auch frisches Gebäck oder Semmelknödel

Salzerdäpfel

Zutaten

- 600–750 g Erdäpfel
- Salz

Zubereitung

- Die Erdäpfel schälen.
- Einen Topf mit gesalzenem Wasser aufstellen, Erdäpfel zugeben und weich kochen.
- Herausheben und beliebig weiter verwenden.

Garzeit: je nach Größe 15–25 Minuten

Typisch Wien

Wie den feurigen Paprika verdankt die Wiener Küche auch das Gulasch ihren ungarischen Nachbarn, die das ursprünglich im Kessel über offenem Feuer gegarte Rindfleisch in einer unglaublichen Bandbreite auftischten. Eine derartige Vielfalt, wie sie in der einstigen Kronländerküche gang und gäbe war, wird man heute freilich nicht mehr finden, zumindest eine Gulasch-Variante zählt aber nach wie vor zu den Klassikern auf jeder „anständigen" Wirtshauskarte. Allen voran das Wiener Saftgulasch (die „ungarnierte" Urform des Gulasch), das etwas verdünnt und mit gekochten Erdäpfeln und Würsteln „gestreckt" auch als **Gulaschsuppe** serviert wird. Da Gulasch in der Monarchie als sogenannte „Einschiebemahlzeit" – wir würden heute sagen: Fast Food für zwischendurch – galt, wird es als eine der wenigen Speisen auch heute noch in vielen Beiseln ohne extra Nachfrage als kleine und große Portion angeboten. Das „kleine Gulasch" wird üblicherweise ohne Beilage serviert, der g´schmackige Saft einfach mit einem reschen Semmerl aufgetunkt. Neben dem oben erwähnten Fiakergulasch schätzen die Wiener aber auch das mollige **Kalbsgulasch**, dessen Saft mit Rahm und Mehl sämig gebunden wird und das durch die Verwendung von Kalbfleisch bedeutend rascher weich gegart ist. Dazu reicht man traditionellerweise Nockerl.

Zwiebelrostbraten
mit Braterdäpfeln

Zubereitung

- Fleisch am Rand einige Male leicht einschneiden, damit es sich beim Braten nicht wölbt, und mit den Fingerspitzen zart durchdrücken. Salzen, pfeffern und kurz rasten lassen.
- Inzwischen die Zwiebeln in Ringe schneiden und in einer großen Pfanne in reichlich heißem Pflanzenöl knusprig, aber nicht zu dunkel herausbacken (Achtung, die Zwiebeln werden sehr schnell unansehnlich dunkelbraun!).
- Herausheben und auf Küchenpapier abtropfen lassen. Salzen und im mäßig vorgeheizten Backrohr warmhalten.
- In einer großen Pfanne etwas Butterschmalz oder Öl erhitzen. Die Rostbratenscheiben auf einer Seite in Mehl wenden und mit dieser Seite zuerst ins heiße Fett legen. Kurz anbraten, wenden und so lange braten, dass das Fleisch innen noch zartrosa ist. Herausheben und in Alufolie gehüllt warmhalten. (Ist das Fleisch nicht gut genug abgelegen, besser in etwas Suppe ca. 90 Minuten weich dünsten.)
- Bratrückstand mit etwas Rindsuppe oder Wasser aufgießen und die Rückstände mit dem Kochlöffel lösen. Sauce kräftig aufkochen und auf die gewünschte Konzentration einkochen lassen.
- Nun einige kalte Butterflöckchen in die Sauce einrühren, dabei aber nicht mehr kochen. Fleisch wieder einlegen und nur kurz im Saft ziehen lassen. Anrichten und mit den knusprigen Zwiebelringen garnieren.

Garzeit: 3–5 Minuten

Zutaten

- 4 gut abgelegene Rostbratenschnitten (ersatzweise Beiried) zu je 180–200 g
- 200–250 g Zwiebeln
- Mehl zum Wenden
- Salz
- Pfeffer
- reichlich Öl zum Herausbacken
- 2–3 EL Butterschmalz oder Öl zum Braten
- Rindsuppe oder Wasser zum Aufgießen
- einige kalte Butterflocken

Braterdäpfel

Zubereitung

- Erdäpfel mit der Schale in leicht gesalzenem Wasser weich kochen. Herausheben, kurz überkühlen lassen und dann schälen.
- Gekochte Erdäpfel je nach Größe der Länge nach halbieren oder vierteln. Mit Mehl bestauben.
- In einer Pfanne Öl und/oder Butterschmalz erhitzen, Erd-

Zutaten

- 600–750 g Erdäpfel
- Mehl
- Salz
- Butterschmalz und/oder Pflanzenöl
- Petersilie zum Bestreuen

äpfel einlegen und rundum goldbraun braten. Die Erdäpfel dabei wiederholt mit einem Bratenwender wenden, damit sie gleichmäßig braun werden.

- Herausheben, salzen und nach Belieben mit gehackter Petersilie bestreuen.

Garzeit: je nach Größe 18–25 Minuten kochen, dann ca. 15 Minuten braten

Typisch Wien

So simpel im Grunde die Zubereitung eines Zwiebelrostbratens ist, so unterschiedlich wird er allerdings in der Wiener Gastronomie aufgetischt. Wer sich auf ein punktgenau rosa gebratenes Stück Rostbraten freut, sollte daher bei der Bestellung auf Nummer Sicher gehen und nachfragen, ob das Fleisch kurz gebraten oder gedünstet wird. Mitunter wird Rostbraten nämlich im g´schmackigen Zwiebelsaftl weich gegart. Ähnliches gilt es von der Zwiebelfront zu vermelden, scheiden sich doch bei der Garung der Aromaträger ebenfalls die Geister. Während in der einen Küche die Zwiebelringe eigens knusprig frittiert werden, brutzeln sie in der anderen gemeinsam mit dem kurz gebratenen Fleisch ihrem dann nicht ganz so knusprigen Ende entgegen. Doch schmecken wird es in beiden Fällen.

Esterházy-Rostbraten
mit Butternudeln

Zubereitung

- Rostbratenschnitten am Rand einige Male einschneiden (damit sie sich beim Braten nicht wölben) und zart klopfen oder mit den Fingerspitzen durchdrücken. Salzen, pfeffern und auf einer Seite mit Mehl bestauben.
- Speck, Wurzelwerk, Zwiebeln und Sardellen in feine Streifen schneiden.
- Das Backrohr auf 180 °C vorheizen.
- In einer Pfanne etwas Butter oder Butterschmalz erhitzen, Fleisch mit der bemehlten Seite nach unten einlegen, rasch anbraten, wenden und ebenfalls nur ganz kurz anbraten. Herausheben.
- Eine passende Bratenform mit Fett ausstreichen und zunächst abwechselnd die Hälfte des Wurzelwerks, Zwiebeln und Speck einordnen. Rostbraten daraufgeben und mit Gemüse abdecken.
- Sauerrahm mit Salz und Pfeffer glatt rühren, die Sardellen sowie die Hälfte der Kapern einmengen und über das Gemüse verteilen (das Fleisch sollte abgedeckt sein). Etwas Rindsuppe untergießen und die Rostbraten zugedeckt im Backrohr ca. 90 Minuten weich dünsten. Währenddessen nur bei Bedarf wenig Flüssigkeit nachgießen.
- Rostbraten herausheben und kurz warm stellen. Bratrückstand mit Suppe lösen und kräftig aufkochen. Mehl mit etwas Rahm glatt rühren und zugeben. Mit Salz, einer kleinen Prise Zucker, einem Schuss Zitronensaft und den restlichen Kapern abschmecken. Mollig einkochen.
- Rostbraten auf vorgewärmten Tellern anrichten, mit der Wurzelgarnitur überziehen und mit Petersilie garnieren.

Garzeit: ca. 90 Minuten
Backrohrtemperatur: 180 °C
Beilagenempfehlung: auch Erdäpfelkroketten, Tarhonya (ungarische Teigware) und Salat

Zutaten

- 4 Rostbratenschnitten (ersatzweise Beiried) zu je 180–200 g
- 2 große Zwiebeln
- 1 Bund Wurzelwerk
- 2–3 eingelegte Sardellenfilets (oder 1 KL Sardellenpaste)
- 1–2 EL fein gehackte Kapern nach Geschmack
- 50–100 g Speck
- 150 g Sauerrahm zum Abdecken
- 100 g Sauerrahm und 1–2 EL Mehl für die Sauce
- Mehl zum Stauben
- Rindsuppe zum Aufgießen
- Salz
- Pfeffer
- Prise Zucker
- Schuss Zitronensaft
- 1 EL fein gehackte Petersilie
- Butter oder Butterschmalz

Butternudeln

Zutaten

- 250–300 g (am besten frische) Bandnudeln
- Schuss Schlagobers
- Pfeffer
- Salz
- 2–3 EL Butter
- gehackte Petersilie
- geriebene Zitronenschale

Zubereitung

- In einem großen Topf Salzwasser aufkochen lassen.
- Bandnudeln einlegen und bissfest kochen.
- Abseihen, kurz kalt abschrecken und abtropfen lassen.
- In einer Pfanne die Butter schmelzen, Petersilie einrühren und die Nudeln zugeben. Kurz durchschwingen und mit einem kräftigen Schuss Schlagobers abrunden. Mit Salz und Pfeffer würzen.
- Anrichten und vor dem Servieren mit frisch geriebener Zitronenschale bestreuen.

Garzeit: frische Bandnudeln nur wenige Minuten, fertig gekaufte nach Anleitung ca. 8–10 Minuten

Typisch Wien

Auch wenn die Bundeshauptstadt seit Jahrzehnten fest in sozialdemokratischer Hand ist, beim Essen wählt so mancher Wiener immer noch gern monarchistisch. Haben doch einstmals mächtige Adelsgeschlechter durch ihre hohe Wertschätzung von kulinarischen Genüssen in der Wiener Küche ihre Spuren hinterlassen. Allen voran die Esterházys, die – abgesehen von obigem Rostbraten – auch Pate für die namensgleiche Torte, Gulasch, Rindsbraten und Sauce standen. Die ungarische Magnatendynastie deswegen aber als eine Familie der *Gourmands*, also „Vielesser“, zu denunzieren, wäre ungerecht. Immerhin traten sie auch als großzügige Kunstmäzene auf, die Geistesgrößen wie Haydn, Liszt und Schubert tatkräftig unterstützten. Womit wieder einmal bewiesen wäre, dass sich Geschmacks- und Kunstsinn keineswegs ausschließen. Ganz im Gegenteil.

Paprikahendl
mit Nockerln

Zubereitung

- Paprikaschote entkernen, waschen und in feine Streifen schneiden. Die Henderl in Stücke teilen, dabei die Brust nach Belieben am Knochen lassen oder auslösen. Salzen, pfeffern und in einem Topf mit Deckel (Kasserolle) in reichlich heißem Fett rundum anbraten. Wieder herausheben.
- Bei Bedarf noch frisches Fett zugeben und nun die Zwiebeln langsam anschwitzen, bis sie weich geworden sind. Knoblauch sowie Paprikastreifen einmengen und kurz mitanrösten. Paprikapulver darüberstreuen, Tomatenmark einrühren und rasch mit ein wenig Suppe oder Wasser aufgießen. Diesen Paprikaansatz kurz einkochen lassen, erst dann die restliche Suppe zugießen und die Hendelteile, mit Ausnahme der Bruststücke (sie benötigen eine kürzere Garzeit), einlegen.
- Zugedeckt je nach Größe der Hühnerstücke ca. 40–45 Minuten weich garen. Währenddessen ab und zu wenden und bei Bedarf noch etwas Suppe oder Wasser nachgießen. Etwa 10 Minuten vor Garungsende die Bruststücke zugeben.
- Fertig gegarte Hühnerstücke herausheben und kurz warm stellen. Sauce bei Bedarf noch mit etwas Suppe oder Wasser ergänzen. Rahm mit Mehl gut glatt rühren (klumpt sonst in der Sauce!), einrühren und die Sauce mollig einkochen lassen. Abschmecken und bei Bedarf passieren.
- Inzwischen den Nockerlteig wie auf Seite 36 beschrieben vorbereiten und mit einem Nockerlsieb oder Nockerlhobel ins kochende Wasser drücken. Aufkochen lassen, abseihen, kurz kalt abschrecken und abtropfen lassen. In einer Pfanne Butter schmelzen und die Nockerl darin schwenken. Salzen.
- Hühnerteile nochmals kurz in der fertigen Sauce erwärmen und auf vorgewärmten Tellern anrichten. Nach Belieben mit einigen Tupfern Sauerrahm garnieren und mit den Nockerln auftragen.

Garzeit: ca. 1 Stunde
Beilagenempfehlung: statt Nockerln auch Reis, grüner Blattsalat

Zutaten

- 2 kleine Henderl mit ca. 1,25 kg oder 1 größeres Huhn und 2 Beugerl
- ½ kl. rote Paprikaschote
- 1–2 EL edelsüßes Paprikapulver
- 2–3 gehackte Knoblauchzehen
- 1 KL Tomatenmark
- 1 fein gehackte Zwiebel
- ca. 500 ml Hühnersuppe oder Wasser zum Aufgießen
- 250 g Sauerrahm
- 1–2 EL Mehl
- Pfeffer
- Salz
- Butterschmalz oder Pflanzenöl
- etwas Rahm zum Garnieren

Für die Nockerl
- Nockerlteig siehe Eiernockerl s. S. 36
- 2 EL Butter zum Schwenken

Schweinsbraten
mit Sauerkraut und Semmelknödeln

Zutaten für ca. 6 Portionen

- 1 ausgelöster Schweinsbraten mit ca. 1,5 kg vom Schopf, Karree oder Bauchfleisch (wenn möglich mit Schwarte)
- einige Schweinsknochen
- ca. 5 zerdrückte Knoblauchzehen
- Rindsuppe oder Wasser zum Aufgießen
- Salz
- Kümmel
- Majoran
- Mehl nach Bedarf
- Butter oder Butterschmalz nach Bedarf

Zubereitung

- Hat der Braten eine Schwarte, eine große Pfanne oder Bratenform etwa 1–2 Finger hoch mit leicht gesalzenem Wasser füllen, aufkochen lassen und den Braten mit der Schwarte nach unten einlegen (es soll nur die Schwarte im Wasser liegen). Etwa 10 Minuten ziehen lassen. Braten herausheben und die Schwarte schröpfen (d. h. mit einem scharfen Messer der Länge und Breite nach im Abstand von ca. 1 cm regelmäßig einschneiden). Fleisch dabei nicht einschneiden!
- Backrohr auf 220 °C vorheizen. Fleisch rundum sehr großzügig salzen, kurz rasten lassen und dann auch mit Kümmel, Majoran und gepresstem Knoblauch einreiben.
- Knochen in die Bratenform geben, das Fleisch mit der „schönen" Seite nach unten darauflegen und 15–20 Minuten braten.
- Nun etwas Rindsuppe oder Wasser in die Bratenform gießen und den Braten mit dem Saft übergießen. Hitze auf ca. 180 °C reduzieren (wenn mehr Zeit zur Verfügung steht, auch auf 150–160 °C, der Braten wird umso saftiger, je langsamer er gebraten wird) und insgesamt je nach Qualität 2–2 ½ Stunden (bei niedrigerer Temperatur auch 3–3 ½ Stunden) braten. Währenddessen regelmäßig Flüssigkeit zugießen, den Braten mit dem eigenen heißen Bratensaft übergießen und nach 1 Stunde Bratzeit wenden.
- Eine gute halbe Stunde vor Ende der Garzeit die Schwarte kräftig mit Salz bestreuen und ab nun nicht mehr übergießen, damit die Kruste schön knusprig wird. Bei Niedertemperatur-Hitze jetzt wieder auf 200–220 °C erhöhen. (Braten ohne Schwarte nach Belieben mit etwas Butterschmalz oder Butter bestreichen und goldbraun braten.)
- Ist der Braten gar (beim Anstechen darf nur mehr klarer Saft austreten), herausheben, in Alufolie hüllen und mindestens 10 Minuten warm rasten lassen.
- Bratrückstand in der Form mit etwas Mehl bestreuen und stark anrösten. Mit etwas Rindsuppe aufgießen, alles mit einem Kochlöffel lösen und aufkochen lassen. In einen Topf seihen und auf die gewünschte Konzentration einkochen.
- Braten der Breite nach tranchieren, mit den Beilagen anrichten und Sauce über das Fleisch träufeln.

Garzeit: je nach Temperatur 2–2 ½ bzw. 3–3 ½ Stunden oder auch länger
Backrohrtemperatur: 220 °C auf 180–150 °C fallend
Beilagenempfehlung: statt Sauerkraut auch Krautsalat

Sauerkraut

Zutaten

- 750 g Sauerkraut
- 1 kleine Zwiebel
- 1 Speckschwarte (wenn vorhanden)
- 30–50 g Speckwürfel
- 1–2 KL Mehl
- 1 Lorbeerblatt
- Salz
- einige Pfefferkörner und Wacholderbeeren
- Rindsuppe zum Aufgießen
- Butterschmalz oder Pflanzenöl

Zubereitung

- Zwiebel fein schneiden und die Gewürze in ein Teesäckchen einbinden.
- In einem Topf etwas Butterschmalz erhitzen und die Zwiebelwürfel darin hell anschwitzen. Sauerkraut zugeben, kurz durchrühren und mit ca. 500 ml Wasser aufgießen. Gewürze sowie die Speckschwarte beigeben und das Kraut weich kochen.
- Gewürze und Speckschwarte wieder entfernen, das Wasser abgießen.
- Speckwürfel in etwas heißem Butterschmalz oder Öl auslassen, Mehl darüberstreuen und mit wenig Rindsuppe aufgießen. Kraut einrühren und nur bei Bedarf noch etwas Suppe nachgießen. Nochmals 5–10 Minuten sanft einkochen lassen und währenddessen wiederholt umrühren. Mit Salz abschmecken.

Garzeit: 40–60 Minuten

Semmelknödel

Zutaten

- 250 g Knödelbrot (Semmelwürfel)
- 100 ml Milch und 3–4 EL Schlagobers (oder ca. 150 ml Milch)
- 2 Eier
- 1 EL Zwiebelwürfel
- 2 EL Butter
- 2–3 EL Mehl
- 2 EL gehackte Petersilie
- Pfeffer
- Muskatnuss
- Salz

Zubereitung

- Die Butter in einer kleinen Pfanne schmelzen und die Zwiebelwürfel darin hell anschwitzen. Petersilie zugeben, kurz durchrösten und wieder vom Feuer nehmen.
- Knödelbrot in eine große Schüssel geben und mit der Zwiebel-Petersil-Butter übergießen. Milch mit Obers und Eiern versprudeln, mit Salz, Pfeffer sowie Muskatnuss würzen und darübergießen. Mehl zugeben und alles zu einer nicht zu weichen Masse durchmischen. Masse kurz ziehen lassen. (Ist die Masse noch zu weich, etwas Mehl untermischen.)
- Mit leicht befeuchteten Händen Knödel formen und dabei gut festdrücken. Dann am besten über heißem Wasserdampf dämpfen (asiatisches Bastkörbchen oder Dämpfeinsatz). Werden die Knödel in Salzwasser (10–12 Minuten) gekocht, am besten einen Probeknödel kochen und die Masse bei Bedarf mit Mehl festigen.

Garzeit: 10–12 Minuten dämpfen oder kochen

Gebratene Stelze
mit warmem Krautsalat

Zubereitung

- Backrohr auf 180 °C Heißluft vorheizen.
- In einer passenden Bratenform so viel Wasser (etwa zwei Finger hoch) einfüllen, dass die Schwarte an der schönen Seite der Stelzen davon gut bedeckt ist. Wasser salzen und aufkochen lassen.
- Stelzen mit der schönen Seite nach unten einlegen und im heißen Backrohr etwa 30 Minuten ziehen lassen, bis die Schwarte geschröpft (in regelmäßig Abständen eingeschnitten) werden kann.
- Stelzen schröpfen, rundum mit Salz, Kümmel sowie Knoblauch fest einreiben und nun mit der schönen Seite nach oben noch mindestens weitere 1 ½ Stunden fertigbraten.
- Ist die Schwarte knusprig und das Fleisch weich gebraten, Stelzen herausheben und warm rasten lassen.
- Bratrückstand lösen, mit etwas Mehl stauben und mit Rindsuppe oder Wasser aufgießen. Den Saft kräftig einkochen lassen und dann abseihen.
- Stelzen am besten im Ganzen auftragen und erst bei Tisch portionieren. Den Saft extra dazu servieren.

Garzeit: 2– 2 ½ Stunden
Backrohrtemperatur: 180 °C Heißluft

Zutaten für 4–5 Portionen

- 2 hintere Schweinsstelzen
- ca. 6 gepresste Knoblauchzehen
- Kümmel
- Salz
- Mehl zum Stauben
- Rindsuppe oder Wasser zum Aufgießen

Warmer Krautsalat

Zubereitung

- Das Kraut ohne Strunk und Außenblätter mit einem Krauthobel oder scharfen Messer sehr feinnudelig schneiden und in eine Schüssel geben.
- Wasser aufkochen, über das Kraut gießen und ca. 20 Minuten stehen lassen.
- Wasser in den Topf abseihen, mit reichlich Kümmel, Salz, einer Prise Zucker sowie einem großzügigen Schuss Essig aromatisieren und nochmals aufkochen lassen. Kochendes Wasser wieder über das Kraut gießen und abermals ohne Hitze 20 Minuten ziehen lassen.
- Wasser wieder abseihen und diesen Vorgang noch zwei- oder dreimal wiederholen, bis das Kraut bissfest und würzig ist.
- Inzwischen den Speck kleinwürfelig schneiden und in heißem Butterschmalz auslassen. Fertiges Kraut anrichten, mit den Speckwürfeln bestreuen und das Schmalz aus der Pfanne über das Kraut gießen.

Zutaten

- 500–600 g Kraut
- 100 g Speck
- ca. 125 ml Apfel- oder Weinessig
- Salz
- ca. 1 EL Kümmel
- Prise Zucker
- Rindsuppe oder Wasser
- 2–3 EL Butterschmalz

Gefüllte Paprika
mit Wiener Paradeissauce

Zutaten

- 8 kleine oder 4 große grüne Paprikaschoten
- 60–80 g Reis (oder 1–2 eingeweichte Semmeln)
- ca. 500 g Faschiertes
- 1 Ei
- 1 kleine gehackte Zwiebel
- Majoran
- Pfeffer
- Salz
- gehackte Petersilie und 1–2 zerdrückte Knoblauchzehen nach Geschmack
- Butter oder Pflanzenöl

Zubereitung

- Zunächst den Reis in Salzwasser weich kochen, abseihen und gut abtropfen lassen.
- Die Stiele der Paprikaschoten rund ausstechen und beiseite legen. Kerne aus den Schoten herauskratzen und die Paprikaschoten waschen.
- Nach Belieben mit kochendem Wasser übergießen, einige Minuten ziehen und dann abtropfen lassen. (Dieser Vorgang muss nicht sein, die Schoten werden dadurch weicher.)
- Zwiebelwürfel in etwas Fett anschwitzen, nach Geschmack auch Knoblauch sowie Petersilie einmengen und mitanrösten. Wieder vom Herd nehmen, gemeinsam mit dem abgetropften Reis und dem Ei unter das Faschierte mengen. Kräftig würzen.
- Paprikaschoten mit der Masse füllen und mit den verkehrt hineingesteckten Stielen verschließen.
- Das Backrohr auf 180 °C Heißluft vorheizen. Eine passende Form mit Öl ausstreichen, die gefüllten Paprika hineingeben, mit etwas Öl beträufeln und zunächst 20–30 Minuten im heißen Backrohr braten.
- Paprika wenden, Paradeissauce darübergießen und noch weitere 30 Minuten fertig garen. Währenddessen ab und zu mit Paradeissauce übergießen und bei Bedarf mit Alufolie abdecken, damit die Flüssigkeit nicht zu rasch verdampft. Die gefüllten Paprika herausheben, anrichten und mit der Sauce überziehen.

Garzeit: Reis ca. 20 Minuten, gefüllte Paprika 50–60 Minuten
Backrohrtemperatur: 180 °C Heißluft
Beilagenempfehlung: Reis oder Salzerdäpfel

Wiener Paradeissauce

Zubereitung

- Die Paradeiser an der Kuppe kreuzweise einschneiden, in kochendem Wasser kurz überbrühen, herausheben und die Haut abziehen. Paradeiser kleinwürfelig schneiden. (Oder Pelati aus der Dosen nehmen und zerkleinern, den Saft dabei nicht abgießen, sondern mitverwenden.)
- Paradeiserwürfel in einen Topf geben, mit wenig Wasser aufgießen und ca. 20 Minuten zugedeckt vor sich hinköcheln lassen. Leicht salzen.
- Zwiebelwürfel in heißem Fett hell anschwitzen, Mehl darüberstreuen, durchrühren und mit einem kleinen Schuss Essig oder Süßwein ablöschen. Tomatenmark einrühren, Suppe zugießen und die Paradeiser zugeben. Alles nochmals gut einkochen lassen. Salzen und mit einer mehr oder weniger großen Prise Zucker würzen. Sauce passieren.

Garzeit: ca. 30 Minuten
Verwendung: als Beilage zu gefüllten Paprika, gefüllten Tomaten, gekochten Teigwaren etc.; für eine nicht-wienerische, eher mediterrane Note ersetzt man den Zucker einfach durch Oregano oder Thymian.

Zutaten

- 750–1000 g Paradeiser (oder ungewürzte geschälte Pelati aus der Dose)
- 1 gehackte Zwiebel
- 2 EL Mehl
- 250 ml Rindsuppe
- 1 KL Tomatenmark
- ca. 150 ml Wasser
- Salz
- Schuss Süßwein oder süßlicher Essig
- 1 kräftige Prise Zucker
- Butter oder Öl zum Anschwitzen

Butterschnitzerl
mit Erdäpfelpüree
Faschierte Laiberl

Zutaten

- 500–600 g sehr fein faschierte Kalbsschulter (für Faschierte Laiberl gemischtes Faschiertes)
- 2 altbackene Semmeln
- 1 Ei oder 2 Eidotter
- 50–70 ml Schlagobers
- Zitronensaft nach Belieben
- Milch zum Einweichen
- Kalbs- oder Rindsuppe (ersatzweise Wasser) zum Aufgießen
- Muskatnuss
- Salz
- Pfeffer
- Butter oder Butterschmalz
- kalte Butterflöckchen

Für Faschierte Laiberl
- zusätzlich Knoblauch, geröstete Zwiebeln, Pfeffer und gehackte Petersilie

Zubereitung

- Semmeln in Milch einweichen, ausdrücken und fein passieren (oder im Mixer pürieren).
- Mit dem Faschierten vermengen. Ei sowie Schlagobers zugeben, mit Muskatnuss, Salz sowie Pfeffer würzen und alles gut verarbeiten. (Für Faschierte Laiberl auch die restlichen Zutaten in die Masse einmengen.)
- Aus der Masse flache, handtellergroße Laibchen formen.
- In einer beschichteten Pfanne etwas Butter oder Butterschmalz erhitzen, Laiberl einlegen und kurz, aber kräftig anbraten. Hitze reduzieren und auf beiden Seiten fertig braten.
- Butterschnitzerl herausheben, in eine gebutterte Form setzen und mit einigen Butterflöckchen belegen. Ins mäßig vorgeheizte Backrohr stellen und die Laiberl darin noch etwas nachziehen lassen.
- Den Bratrückstand mit etwas Suppe oder Wasser lösen und kräftig einkochen lassen. Mit kalten Butterflöckchen montieren (unter ständigem Rühren einrühren, aber nicht mehr kochen) und nach Geschmack mit einem Schuss Zitronensaft abschmecken.
- Butterschnitzerl herausheben, anrichten und mit dem Saft beträufeln.

Garzeit: ca. 10 Minuten, danach rasten lassen
Beilagenempfehlung: auch Reis, gekochtes Gemüse und Salat

Typisch Wien

Die Idee, das Butterschnitzerl als Diätmahlzeit zu klassifizieren, stammt aus einer Zeit, in der das Wort „Diät“ gleichbeutend mit Krankenmahlzeit war. Selbige sollte den schwachen Körper zwar kräftigen, dennoch aber leicht verdaulich sein und den Magen nicht belasten. Also fehlen im Unterschied zu den pikant schmeckenden Faschierten Laiberln Zwiebeln sowie nicht leicht verträgliche Kräuter und Gewürze. Den Namen selbst verdankt das Laibchen der Butter, in der es gebraten wird – mit ein Grund, warum das Butterschnitzerl heutzutage in Wien zu 99 Prozent von „Nicht-Kranken“ gegessen wird!

Erdäpfelpüree

Zubereitung

- Die Erdäpfel schälen, in kleinere Stücke schneiden und in gesalzenem Wasser weich kochen. Abseihen und kurz ausdämpfen lassen.
- Dann rasch durch eine Erdäpfelpresse drücken oder passieren. (Das Püree sollte locker sein, daher nicht mit dem Mixstab pürieren, wodurch das Püree eine zähe Konsistenz erhält.)
- Butter in kleine Stückchen schneiden und einrühren. Inzwischen die Milch erhitzen und so viel untermengen, dass das Püree schön mollig wird. Mit Salz sowie Muskatnuss abschmecken.
- Währenddessen die Zwiebelringe in heißem Öl goldbraun herausbacken, herausheben und auf Küchenpapier abtropfen lassen. Püree anrichten und mit den knusprigen Zwiebelringen garnieren.

Garzeit: je nach Sorte 15–25 Minuten
Verwendung: Beilage zu Fleischgerichten mit Sauce, aber auch zu Geselchtem oder gebratenem Leberkäse

Zutaten

- 750 g mehlige Erdäpfel
- ca. 100 g Butter
- ca. 200 ml Milch
- Salz
- Muskatnuss
- Zwiebelringe und Öl nach Belieben

Züngerl
mit Wurzelgemüse und Semmelkren

Zutaten

- 1 grüne (ungeselchte) Rindszunge oder 2–3 Kalbs- bzw. Schweinszungen (ersatzweise geselchte Zungen)
- 2 Bund Wurzelgemüse (Karotten, Petersilwurzel, Sellerieknolle, gelbe Rüben)
- 4–6 große Erdäpfel
- 1 Stange Lauch
- 1 Zwiebel
- 2–3 Lorbeerblätter
- 6–8 Pfefferkörner
- Salz aus der Mühle

Zubereitung

- Ein (!) Wurzelgemüse ebenso wie den Lauch und die Zwiebel grobwürfelig schneiden und in einen großen Topf mit Wasser geben. Lorbeerblätter sowie Pfefferkörner hinzufügen und aufkochen lassen. Züngerl einlegen und zugedeckt weich kochen (kleine Zungen ca. 1 ½ Stunden, Rindszunge 2–2 ½ Stunden).
- Zunge(n) herausheben, kurz kalt abspülen und die Haut von den noch heißen Zungen abziehen. Nochmals im Sud für ca. 15 Minuten ziehen lassen.
- Inzwischen das restliche Wurzelgemüse in feine Streifen schneiden. Geschälte Erdäpfel in mundgerechte Stücke teilen. Etwas von dem Kochsud in einen anderen Topf abschöpfen und die Gemüsestreifen sowie Erdäpfelwürfel darin bissfest garen.
- Zunge(n) in Scheiben schneiden, anrichten und mit ganz wenig Sud beträufeln. Mit grob gemahlenem Salz bestreuen. Mit dem gekochten Wurzelgemüse umgeben und mit Semmelkren auftragen.

Garzeit: kleine Zungen ca. 1 ½ Stunden, Rindszunge 2–2 ½ Stunden
Beilagenempfehlung: statt Wurzelgemüse und Semmelkren auch Salzerdäpfel, Erdäpfelpüree, Cremespinat oder Dillfisolen

Semmelkren

Zubereitung

- Die Semmeln entrinden, blättrig schneiden und in einen Topf geben.
- Mit Rindsuppe übergießen, kurz quellen lassen und dann unter wiederholtem Umrühren (am besten mit einem Schneebesen) aufkochen lassen, bis sich die Semmeln aufgelöst haben und die Sauce sämig geworden ist.
- Sauerrahm oder Schlagobers einrühren, mit Salz und Pfeffer würzen und mit Essig abschmecken. (Ist die Masse zu fest geworden, noch etwas Obers oder heiße Suppe einrühren.)
- Vom Herd nehmen und abseits der Hitze den frisch gerissenen Kren einrühren.

Verwendung: klassische Beilage zu Wiener Siedefleisch

Zutaten

- 2 ½–3 Semmeln vom Vortag
- ca. 250–300 ml gute Rindsuppe
- 2–3 EL frisch gerissener Kren, je nach gewünschter Schärfe
- 2 EL Sauerrahm oder Schlagobers
- Schuss Essig
- Pfeffer
- Salz

Saure Nierndln
mit Erdäpfelschmarren

Zutaten

- 600–700 g Schweinsnieren (oder Kalbsnieren)
- 100 g Zwiebeln
- ½ EL Mehl zum Stauben
- Spritzer Essig
- Pfeffer
- Salz
- Majoran
- Milch oder Wasser zum Einlegen
- Rindsuppe oder Wasser zum Aufgießen
- 3 EL Butterschmalz oder Pflanzenöl
- Petersilie zum Bestreuen nach Belieben

Zubereitung

- Die Nieren der Länge nach aufschneiden, zuputzen (d. h. die Stränge entfernen) und in Milch oder Wasser längere Zeit einlegen. Trockentupfen und in Streifen schneiden.
- Zwiebeln in Streifen schneiden und in heißem Butterschmalz oder Öl hell anschwitzen.
- Nierndln zugeben und bei großer Hitze anrösten. Mit Salz, Pfeffer und Majoran würzen. Mehl darüberstreuen, durchrühren und rasch mit einem Spritzer Essig ablöschen. Einen kräftigen Schuss Rindsuppe oder Wasser zugießen und die Nierndln bei mäßiger Hitze garen, bis sie weich sind.
- Nochmals abschmecken und vor dem Servieren nach Belieben mit gehackter Petersilie bestreuen.

Garzeit: 15–20 Minuten
Beilagenempfehlung: auch Reis, Salzerdäpfel

Erdäpfelschmarren

Zutaten

- 600 g Erdäpfel
- 2 große Zwiebeln
- 3 EL Butter oder Butterschmalz
- Salz
- Pfeffer
- Kümmel

Zubereitung

- Die Erdäpfel mit der Schale in Salzwasser weich kochen.
- Noch heiß schälen, in Scheiben schneiden und nach Belieben auch noch mit einer Gabel grob zerdrücken.
- Die Zwiebeln fein schneiden und in einer großen Pfanne in heißem Butterschmalz oder Butter anschwitzen.
- Erdäpfel zugeben und mit Salz, Pfeffer sowie Kümmel würzen. So lange rösten, bis die Erdäpfel rundum knusprig und goldgelb geworden sind. (Im Unterschied zu Rösterdäpfeln sollte der Schmarren am Ende locker sein.)

Garzeit: ca. 20–25 Minuten kochen, 15–20 Minuten braten

Typisch Wien

Bevor Bries & Co. auf ihre gesundheitstauglichen Inhaltsstoffe überprüft und medienwirksam verteufelt wurden, spielten Innereien in der Wiener Küche eine denkbar große Rolle. Der Reichtum an Gerichten aus Bries, Leber, Nieren und Herz entsprang freilich nicht nur der Lust am feinen Schmecken, sondern der ökonomischen Verwertung möglichst aller Fleischteile. Beuschel, gebackenes Kalbsbries und geröstete Leber finden sich auch heute noch auf den Speisekarten bodenständiger Beiseln. Nierndln mit Hirn, Hirn mit Ei oder das legendäre Bruckfleisch – es erhielt seinen Namen von der Schlachtbrücke, auf der Innereien und minderwertiges Fleisch nach dem Schlachten billigst abgegeben wurden – sind leider zur Rarität geworden. Setzten bei Gerichten mit Hirn gesundheitliche Aspekte deren Beliebtheit ein Ende, so ist es beim Bruckfleisch vor allem die aufwändige Zubereitung. Von der Zusammensetzung her dem Beuschel nicht unähnlich, wird das Ragout aus Bries, Milz, Leber, Kron- und Stichfleisch allerdings viel intensiver gewürzt und in der Originalversion mit Blut gebunden. Eine Gepflogenheit, die heute allerdings meist durch das Abschmecken mit Powidl umgangen wird.

Backhenderl
mit Erdäpfel-Vogerl-Salat

Zutaten

- 2 kleine Henderl mit ca. 1,25 kg oder 1 größeres Huhn und 2 Beugerl
- 3 Eier
- Mehl und Semmelbrösel zum Panieren
- Zitronensaft
- Salz
- Pfeffer
- Butterschmalz oder Öl mit 1–2 EL Butterschmalz gemischt zum Herausbacken
- Zitronenspalten zum Garnieren

Zubereitung

- Henderl in Beugerl und Bruststück teilen, waschen und trockentupfen. Rundum mit etwas Zitronensaft beträufeln, salzen und pfeffern.
- Eier in einem Teller oder einer kleinen Schüssel locker verschlagen.
- Hühnerteile in Mehl wenden, durch die Eier ziehen und gut in Bröseln wälzen.
- In einer großen Pfanne (oder 2 Pfannen) reichlich Butterschmalz (oder Öl und Butterschmalz) erhitzen. Zuerst die Beugerl einlegen und bei mittlerer Hitze nicht zugedeckt etwa 10–15 Minuten herausbacken. Erst dann die Bruststücke zugeben und ebenfalls noch etwa 5–10 Minuten backen. Währenddessen wiederholt wenden und die Hühnerstücke mit heißem Fett übergießen.
- Tritt beim Anstechen der Gelenke mit einem Spießchen nur mehr klarer Saft aus, ist das Backhenderl fertig. Nun herausheben, auf Küchenpapier gut abtropfen lassen und mit Zitronenspalten garniert auftragen.

Garzeit: 20–30 Minuten
Beilagenempfehlung: statt Erdäpfelsalat auch Petersilerdäpfel und Salate

Typisch Wien

Im Unterschied zum steirischen Backhuhn wird die Wiener Variante meist ohne mitpanierte Leber und Hals serviert. Auch die steirische Sitte, auf der Speisekarte ein ganzes (freilich zerteiltes) Backhuhn zu offerieren, wird man in Wien vergeblich suchen. Dafür spielt der allseits beliebte Backhenderlsalat in der örtlichen Gastronomie eine umso größere Rolle. Darunter ist bunt gemischter Blattsalat zu verstehen, der von herausgebackenen panierten Hühnerstreifen gekrönt wird. Schnell essen, lautet hier die Devise, auf dass die knusprige Panier nicht von der Marinade aufgeweicht werde!

Erdäpfel-Vogerl-Salat

Zubereitung

- Erdäpfel in Wasser je nach Sorte und Größe 18–25 Minuten weich kochen.
- Inzwischen Zwiebeln fein schneiden und mit der heißen Suppe, Essig, Senf sowie den Gewürzen zu einer pikanten Marinade verrühren.
- Gegarte Erdäpfel abgießen, so heiß wie möglich schälen und in Scheiben schneiden. Sofort in die Marinade geben. Öl untermengen und mit einem Kochlöffel einige Male durchrühren. Abgedeckt etwa 30 Minuten ziehen lassen. Dann nochmals abschmecken.
- Den gewaschenen, abgetropften Vogerlsalat salzen, pfeffern und mit Öl sowie Essig marinieren. Behutsam unterrühren und den Salat am besten lauwarm servieren.

Garzeit: Erdäpfel je nach Größe 18–25 Minuten

Zutaten

- 750–1000 g Heurige (Kipfler oder andere speckige Erdäpfel)
- 100–150 g Vogerlsalat
- 2 Zwiebeln
- 250–300 ml warme Rindsuppe
- 2–3 EL guter Weißwein- oder Apfelessig
- 3–4 EL Pflanzenöl
- 1 TL Estragon- oder Dijonsenf
- Prise Zucker
- Pfeffer
- Salz

Beuschel
mit Serviettenknödel

Zutaten

- ca. 750 g Kalbsbeuschel (Lunge)
- 1 Kalbsherz

Für den Sud

- 1 Bund Wurzelwerk
- 6 Pfefferkörner
- 3 Pimentkörner
- 1 Lorbeerblatt
- 1 kleiner Zweig Thymian
- Schuss Essig
- Salz
- 1 kleine Zwiebel

Für die Beuschelwürze

- 1 Schalotte oder 2 Frühlingszwiebeln
- 1 Essiggurkerl
- 1 eingelegtes Sardellenfilet oder -ringerl (ersatzweise 1 TL Sardellenpaste)
- 1 Knoblauchzehe
- 1 KL Kapern
- 1 EL fein gehackte Petersilie
- etwas abgeriebene Zitronenschale

Für die Fertigstellung

- 2–3 EL Butter oder Butterschmalz
- 2–3 EL Mehl
- Prise Zucker
- Schuss Essig
- Majoran
- Senf
- Schuss Zitronensaft
- Salz & Pfeffer
- 2 EL Sauerrahm
- 2 EL Schlagobers nach Belieben

Zubereitung

- Lunge zuputzen (Luft- und Speiseröhre entfernen), in einen großen Topf oder Schüssel geben und mit kaltem Wasser übergießen. Einige Zeit wässern. Wasser abgießen und die Lunge mit einem langen Messer mehrmals einstechen.
- Lunge und Herz in einen großen Topf geben. Für den Sud das grob geschnittene Wurzelwerk sowie sämtliche Gewürze und die halbierte Zwiebel hinzufügen. Mit 1,5–2 Liter Wasser auffüllen und mit Salz sowie Essig aromatisieren. Aufkochen und ca. 90 Minuten kochen lassen. Währenddessen nach Möglichkeit das Beuschel mit einem alten Deckel unter dem Wasser halten oder regelmäßig wenden und unter das Wasser tauchen.
- Sobald die Lunge weich gekocht ist (für die Garprobe anstechen), herausheben und das Herz noch so lange kochen, bis es ebenfalls weich gegart ist. Beuschelsud abseihen.
- Lunge in kaltes Wasser legen und danach sorgfältig zuputzen (alle kleine Röhrchen bestmöglich entfernen) und klein schneiden. Fertig gegartes Herz ebenfalls zuputzen und feinblättrig schneiden.
- Für die Beuschelwürze sämtliche Zutaten sehr fein hacken, vermengen und Petersilie sowie abgeriebene Zitronenschale untermischen.
- Für die Fertigstellung in einem Topf Butter schmelzen, Mehl sowie eine Prise Zucker einmengen und alles zu einer relativ dunklen Einmach anrösten. Beuschelwürze zugeben, mitrösten und mit einem Schuss Essig ablöschen. Etwas abgeseihten Beuschelsud zugießen und einkochen lassen. Langsam den Beuschelsud zugießen und unter wiederholtem Umrühren etwa eine halbe Stunden kochen lassen, bis der Mehlgeschmack verkocht und die Sauce mollig geworden ist.
- Geschnittenes Fleisch zugeben, dabei zuvor überprüfen, ob eventuell zu viel Sauce vorhanden ist. In diesem Fall etwas Sauce abgießen, damit das Beuschel nicht zu flüssig wird.

- Beuschel mit Senf, Zitronensaft, Salz, Pfeffer und Majoran abschmecken. Abschließend noch etwas Sauerrahm sowie Schlagobers unterrühren und noch 10 Minuten köcheln lassen.

Garzeit: 1 ½ –2 Stunden kochen, Fertigstellung ca. 45 Minuten
Beilagenempfehlung: außer Knödel auch resches Gebäck

Serviettenknödel

Zutaten

- 250 g Knödelbrot (Semmelwürfel)
- 70 g Butter
- 1–2 EL Zwiebelwürfel
- 2 EL gehackte Petersilie
- 3 Eier
- ca. 200 ml Milch
- Mehl nach Bedarf
- Muskatnuss
- Salz
- Butter zum Bestreichen

Zubereitung

- Die Eier trennen, die Dotter mit der Milch versprudeln und mit Salz sowie Muskatnuss würzen.
- Butter schmelzen lassen, Zwiebeln zugeben und hell anschwitzen. Petersilie unterrühren, kurz anrösten und wieder vom Feuer nehmen. Über das Knödelbrot gießen, Eiermilch einmengen und die Masse gut durchmischen. Mindestens eine Viertelstunde rasten lassen.
- Nun das Eiklar schlagen und behutsam unter die Masse mengen. Nochmals abschmecken. Ist die Masse zu weich, noch etwas Mehl einarbeiten.
- Ein Stück Frischhaltefolie auf ein sauberes Geschirrtuch legen und mit flüssiger Butter bestreichen. Masse auf dem unteren Drittel auftragen und mit der Folie und dem Tuch straff einrollen. Die Enden mit einem Küchenspagat gut verschließen.
- In einem großen passenden Topf reichlich Salzwasser aufkochen. Serviettenknödel einlegen und 25–30 Minuten ziehen lassen.

Garzeit: 25–30 Minuten

Gefülltes Brathenderl
mit Häuptelsalat

Zubereitung

- Henderl waschen, trockentupfen und innen wie außen kräftig mit Salz, Pfeffer und Muskatnuss einreiben.
- Für die Fülle die Leber in kleine Stücke teilen, den Schinken oder Speck feinwürfelig schneiden. In einer kleinen Pfanne etwas Butter erhitzen und den Speck auslassen. Leber zugeben und fast durchbraten. Gegen Schluss die gehackte Petersilie und die Pistazien untermengen. Wieder vom Herd nehmen.
- Semmelwürfel in einer Schüssel mit der Leber vermengen. Schlagobers mit Rahm, Eiern und Dotter versprudeln, kräftig würzen und mit dem Knödelbrot gut vermischen. Parmesan einmengen, nochmals abschmecken und kurz anziehen lassen. Zu weiche Masse eventuell noch durch weitere Semmelwürfel festigen.
- Henderl mit der Masse füllen. (Dabei nicht zu viel Fülle in den Bauchraum geben, da die Fülle beim Braten aufgeht und die Naht möglicherweise platzt.) Öffnung vernähen oder mit Zahnstochern verschließen. (Allfällig übrig gebliebene Masse zu einem Laibchen formen und mitbacken.)
- Backrohr auf 180 °C vorheizen und eine passende Bratenform mit Öl ausstreichen. Gefüllte Henderl mit der Brustseite nach unten hineinsetzen und 15–20 Minuten braten.
- Dann etwas Hühnersuppe oder Wasser untergießen, Henderl mit Bratensaft übergießen und abermals etwa 20 Minuten braten. Wenden und je nach Größe 40–60 Minuten fertig braten. Währenddessen wiederholt mit Bratensaft begießen und bei Bedarf frische Suppe oder Wasser nachgießen.
- Etwa 20 Minuten vor Garungsende einige Butterflocken auf der Brust verteilen und Henderl knusprig braten. Ist die Haut noch recht blass, die Hitze dabei etwas erhöhen.
- Sobald beim Anstechen des Haxerls nur mehr klarer Saft austritt, Brathenderl herausheben und in Alufolie gehüllt warm stellen. Bratrückstand nach Belieben mit etwas Mehl stauben, mit einem kräftigen Schuss Hühnersuppe lösen und einkochen lassen. Saft abseihen.

Zutaten

- 1 großes Huhn mit 1,8–2 kg oder 2 kleinere Junghühner mit ca. 1,2 kg samt Leber
- eventuell 100 g Hühnerleber zusätzlich
- 50 g magerer Speck oder Schinken
- 2 EL gehackte Pistazien nach Belieben
- 120–150 g Knödelbrot (Semmelwürfel)
- 1 EL gehackte Petersilie
- 1–2 Eier
- 1 Eidotter
- 2 EL Sauerrahm
- 150 ml Schlagobers
- 1 EL Parmesan nach Geschmack
- Mehl nach Belieben
- Muskatnuss
- Pfeffer
- Salz
- Butter und Pflanzenöl
- Hühnersuppe oder Wasser zum Aufgießen

- Brathenderl tranchieren, dabei die Fülle möglichst unbeschädigt herauslösen und aufschneiden. Anrichten und mit ein wenig Saft beträufeln. Den restlichen Saft extra dazu reichen.

Garzeit: je nach Größe der Henderl 1 ¼–1 ¾ Stunden
Backrohrtemperatur: 180 °C
Beilagenempfehlung: gekochte, in Butter geschwenkte Gemüse wie Karfiolröschen, Erbsen, Butterkarotten

Häuptelsalat mit Wiener Marinade

Zutaten

- 1 Häuptelsalat (grüner Kopf-, Blatt-, Bummerl- oder Eisbergsalat)
- 4–5 EL gutes Pflanzenöl
- 2 EL guter Essig (Rot- oder Weißwein-, aber kein Balsamicoessig)
- Prise Zucker
- sehr wenig Wasser nach Wunsch
- Salz

Zubereitung

- Salat gut waschen, bei Bedarf in kleinere Stücke teilen und abtropfen lassen.
- In einer Tasse oder kleinen Schüssel den Essig mit Salz, einer kleinen Prise Zucker und nach Wunsch auch mit einem kleinen Schuss kalten Wassers gut verrühren. Öl einrühren.
- Über den Salat gießen und behutsam durchmischen.

Typisch Wien

Wundern Sie sich nicht, wenn Ihr Blattsalat vom Ober in einem veritablen „Fußbad“ serviert wird. In manchen Wiener Beiseln gilt es heute noch als liebgewonnene Gepflogenheit, den als Beilage gereichten Salat mit einer mehr als großzügigen Portion Marinade zu übergießen. Oft gesellen sich auch Gurken-, Paradeis-, Karotten- oder Krautsalat dazu. Eine Melange, die natürlich mit der obligaten Prise Zucker in der Salatsauce gekrönt wird!

Nachspeisen

Marmorgugelhupf

Zubereitung

- Zunächst die Eier trennen. Die zimmerwarme Butter mit Staubzucker schaumig rühren. Vanillezucker sowie etwas abgeriebene Zitronenschale einrühren. Dotter langsam einrühren und schaumig schlagen. Backpulver mit Mehl vermischen. Nun die Milch mit etwa der Hälfte des Mehls unterrühren.
- Eiklar schlagen und mit Kristallzucker zu steifem Schnee fertig schlagen. Mit dem restlichen Mehl abwechselnd unter die Masse heben.
- Backrohr auf 180 °C vorheizen. Eine Gugelhupfform mit flüssiger Butter ausstreichen und mit Mehl ausstreuen.
- Etwa die Hälfte der Masse mit dem gesiebten Kakaopulver vermengen und mit einem Schuss Rum aromatisieren. Helle Masse in die Form füllen, die dunkle Masse darüber geben und den Stiel eines Kochlöffels wellenartig durch die Masse ziehen (der Gugelhupf wird dadurch „marmoriert").
- Im vorgeheizten Backrohr etwa 60 Minuten backen. Herausheben, überkühlen lassen und stürzen. Mit Staubzucker bestreut auftragen.

Backzeit: ca. 60 Minuten
Backrohrtemperatur: 180 °C
Garniturempfehlung: geschlagenes Schlagobers

Zutaten

- 4 Eier
- 400 g glattes Mehl
- 200 g zimmerwarme Butter
- 200–250 ml Milch
- 100–150 g Staubzucker (je nach gewünschter Süße)
- 50 g Kristallzucker
- 1 Pkt. Vanillezucker
- etwas abgeriebene Zitronenschale
- 1 Pkt. Backpulver
- 3–4 EL Kakaopulver
- Schuss Rum
- Butter und Mehl für die Form
- Staubzucker zum Bestreuen

Sachertorte

Zutaten

- 7 Eidotter
- 150 g Butter
- 125 g Staubzucker
- 150 g Bitterschokolade
- 1 Pkt. Vanillezucker
- 7 Eiklar
- 125 g Kristallzucker
- 150 g Mehl
- Butter und Mehl für die Form
- warme Marillenmarmelade zum Bestreichen
- Schuss Marillenschnaps oder Rum nach Belieben
- Schlagobers für die Garnitur

Für die Sacherglasur
(oder andere Schokoladeglasur verwenden)

- 250 g dunkle Kuvertüre oder Kochschokolade
- 300 g Zucker
- 125 ml Wasser

Zubereitung

- Die Butter Raumtemperatur annehmen lassen und mit Staubzucker schaumig rühren.
- Schokolade (am besten im Wasserbad) schmelzen. Inzwischen Buttermasse mit Vanillezucker aromatisieren und die Dotter langsam nach und nach einrühren.
- Backrohr auf 180 °C vorheizen. Eine Tortenform mit Butter ausstreichen und mit Mehl ausstreuen, dabei überflüssiges Mehl aus der umgedrehten Form gut abklopfen.
- Eiklar aufschlagen, Kristallzucker zugeben und zu steifem Schnee schlagen. Geschmolzene Schokolade in die Dottermasse einrühren und den Schnee abwechselnd mit dem Mehl unterziehen.
- Den Teig einfüllen und etwa 1 Stunde backen.
- Torte herausheben und auskühlen lassen. (Dabei für eine glatte Oberfläche die Torte nach Belieben gleich nach dem Backen auf eine Arbeitsfläche stürzen und nach etwa 25 Minuten wiederum stürzen.)
- Marillenmarmelade mit einem Schuss Marillenschnaps oder Rum glatt rühren.
- Torte der Quere nach einmal durchschneiden und beide Tortenhälften mit Marmelade bestreichen. Wieder zusammensetzen und Torte auch rundum dünn mit Marillenmarmelade bestreichen.
- Für die Glasur Wasser in einem Topf mit Zucker vermischen und bei starker Hitze gute 5 Minuten köcheln lassen. Wieder vom Herd nehmen und lippenwarm auskühlen lassen. Parallel dazu die Schokolade in einem Wasserbad sanft schmelzen lassen, dabei aber nicht zu stark erhitzen. Warme Schokolade langsam unter das ebenfalls warme Zuckerwasser rühren, bis die Glasur schön sämig ist. Dabei darauf achten, dass die Masse exakt lippenwarm bleibt, da sie sonst den Glanz verliert. (Bei zu dickflüssiger Glasur ganz wenig Wasser nochmals in den Zuckertopf geben, durchschwenken und damit die Glasur verdünnen.)

- Glasur rasch, das heißt in einem Schwung, über die Torte gießen und sofort mit einer Palette oder einem sehr breiten Messer rundum verteilen und glattstreichen.
- Trocknen lassen. Mit geschlagenem Obers garniert servieren.

Backzeit: ca. 1 Stunde
Backrohrtemperatur: 180 °C

Typisch Wien

Sie ist vermutlich die berühmteste Torte der Welt – und das, obwohl die Originalrezeptur der Sachertorte nur einer Handvoll Menschen zugänglich ist und fest verschlossen hinter dicken Safetüren liegt. Abgesehen davon, dass es Schokoladetorten freilich auch vor der legendären Kreation des Kochlehrlings Franz Sacher im Jahr 1832 gegeben hat, kursiert mittlerweile eine Vielzahl von durchaus beachtlichen Sachertorten-Rezepten, die dem Original recht nahekommen. Die meisten von ihnen verzichten allerdings auf das recht mühsame „Tablieren" der Glasur. Damit die Glasur nämlich so richtig schön glänzt, wird die Schokolademasse auf einer Marmorplatte mit einer Palette aufwändig bearbeitet. Das Auge isst zwar immer mit, doch wenn alles andere rund um diesen Tortenklassiker stimmt, lässt sich beim genussvollen ersten Biss wohl ein Auge zudrücken und eine möglicherweise etwas mattere Glasur gerne in Kauf nehmen. Hauptsache, die Sachertorte schmeckt!

Topfengolatschen

Powidlgolatschen

Zutaten

- ca. 300 g Plunder- oder Blätterteig
- Butter für das Backblech
- Staubzucker zum Bestreuen
- Ei zum Bestreichen

Für die Topfenfülle
- 250 g Topfen
- 2 Eidotter
- 1 EL Butter
- 1 KL Vanillepuddingpulver
- 1 Pkg. Vanillezucker
- 3 EL Zucker
- 2 EL in Rum marinierte Rosinen
- Spritzer Zitronensaft
- abgeriebene Zitronenschale

Variante Powidlgolatschen
- 300 g Powidl
- Rum und Staubzucker zum Abschmecken

Zubereitung

- Für die Topfenfüllmasse Butter mit Vanillezucker, Zucker und Eidottern schaumig rühren. Topfen, Rosinen sowie Vanillepuddingpulver einmengen. Mit Zitronensaft und -schale aromatisieren. (Für die Powidlfülle Powidl mit Rum und Staubzucker nach Geschmack verrühren.)
- Backrohr auf 180 °C vorheizen. Ein Backblech mit Backpapier auslegen oder mit Butter bestreichen.
- Den vorbereiteten Teig auf einer bemehlten Arbeitsfläche ausrollen und in 8–10 cm große Quadrate schneiden. In der Mitte jeweils etwas Topfen- oder Powidlfülle auftragen, die Teigecken zur Mitte hin einschlagen und in der Mitte festdrücken.
- Auf das vorbereitete Backblech legen und mit verquirltem Ei bestreichen. Im vorgeheizten Backrohr ca. 20 Minuten backen.
- Herausheben und auskühlen lassen. Vor dem Auftragen mit Staubzucker bestreuen.

Backzeit: ca. 20 Minuten
Backrohrtemperatur: 180 °C

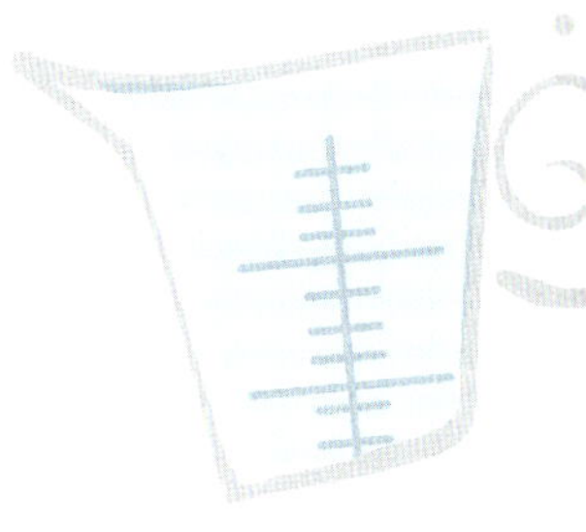

Palatschinken
mit Marmelade

Zubereitung

- Mehl mit Milch, Eiern, Öl sowie einer kleinen Prise Salz zu einem relativ dünnflüssigen Teig verrühren. Etwa 20 Minuten stehen lassen. Bei Bedarf die Konsistenz des Teiges noch durch etwas Milch oder Mehl korrigieren.
- In einer (am besten beschichteten) Palatschinkenpfanne wenig Öl erhitzen, etwas Teig eingießen und durch Schwingen der Pfanne regemäßig verteilen. Palatschinke auf der ersten Seite goldbraun backen, wenden und auch auf der anderen Seite goldbraun backen. Herausheben und übereinander gestapelt mit Alufolie abgedeckt warm halten.
- Den restlichen Teig ebenso zu Palatschinken backen.
- Marillenmarmelade nach Geschmack mit einem Schuss Marillenschnaps aromatisieren. Die Palatschinken damit bestreichen und einrollen.
- Auf vorgewärmten Tellern anrichten und vor dem Servieren mit Staubzucker bestreuen.

Zubereitungszeit: 2–3 Minuten pro Palatschinke

Zutaten

- 180 g Mehl
- 350–400 ml Milch (evt. einen Teil durch Schlagobers ersetzt)
- 3–4 Eier
- 1 EL Öl oder flüssige Butter
- Prise Salz
- Pflanzenöl zum Herausbacken
- 150 g leicht erwärmte Marillenmarmelade
- Marillenschnaps oder Rum nach Geschmack
- Staubzucker zum Bestreuen

Buchteln
mit Powidlfülle

Zutaten

- ca. 500 g Mehl
- 70 g Staubzucker
- 1 EL Kristallzucker für das Dampfl
- 1 Würfel Germ (ca. 40 g)
- 60 g flüssige Butter
- ca. 200 ml Milch
- 1 Ei
- 3 Eidotter
- Prise Salz
- abgeriebene Zitronenschale
- 1 Pkg. Vanillezucker
- reichlich Butter für die Form
- Staubzucker zum Bestreuen

Für die Fülle
- 350–450 g Powidl oder andere Marmelade
- Rum oder Marillenschnaps
- Zucker nach Geschmack

Zubereitung

- Etwas Milch lauwarm erhitzen und mit zerbröselter Germ sowie Kristallzucker zu einem Dampfl verrühren. Wenig Mehl darüberstreuen und abgedeckt an einem warmen Ort aufgehen lassen, bis sich an der Oberfläche Risse zeigen.
- Inzwischen die restliche Milch ebenfalls erwärmen und mit Vanillezucker sowie abgeriebener Zitronenschale aromatisieren. Dann Mehl, Dampfl, Ei, Dotter, Staubzucker, eine Prise Salz und flüssige Butter zugeben. Zu einem geschmeidigen Teig kneten oder schlagen und dabei die Konsistenz des Teiges bei Bedarf mit Mehl oder Milch korrigieren.
- Teig zu einer Kugel formen, mit ein wenig Mehl bestauben und nochmals abgedeckt an einem warmen Ort aufgehen lassen, bis sich sein Volumen wesentlich vergrößert hat.
- Eine geeignete Backform mit Butter ausstreichen.
- Für die Fülle Powidl mit einem kräftigen Schuss Rum und Zucker verrühren.
- Teig nochmals zusammenschlagen, ausrollen, in 6–7 cm große Quadrate oder Scheiben schneiden. Etwas Powidl oder Marmelade in die Mitte setzen, den Teig über der Fülle zusammenschlagen und die Nahtstelle gut festdrücken bzw. zu Kugeln formen.
- Buchteln mit der Verschlussstelle nach unten nebeneinander in die gut befettete Form setzen und dabei jeweils vorher rundum großzügig mit flüssiger Butter bestreichen bzw. darin wälzen. Mit einem Tuch abdecken und nochmals gehen lassen.
- Inzwischen das Backrohr auf 180 °C vorheizen.
- Buchteln ins heiße Backrohr schieben und 25–35 Minuten goldbraun backen. Währenddessen eventuell noch einmal mit flüssiger Butter bestreichen.
- Herausheben und etwas auskühlen lassen. Vor dem Servieren mit Staubzucker bestreuen.

Backzeit: 25–35 Minuten
Backrohrtemperatur: 180 °C
Garniturempfehlung: warme Vanillesauce (s. S. 103)

Typisch Wien

Wie viele Wiener Mehlspeisen – unter ihnen die berühmten Powidltascherl, Golatschen oder Schupfnudeln – kamen auch die Buchteln über die böhmischen hochherrschaftlichen Köchinnen in die Kaiserstadt. Sie sind den Wienern so lieb, dass sie auch heute noch in vielerlei Spielarten gebacken werden. Außer Powidl oder Marmelade entdeckt man auch saftige Topfen- oder Vanillefülle im Inneren der flaumigen Buchteln, die freilich umso besser schmecken, je kleiner sie geformt werden und je öfter sie „aufgehen“ dürfen. Auch die Anzahl der verwendeten Eidotter ist diesbezüglich nicht unwichtig. Die absolute Spitze der „Leichtigkeit des Seins“ erzielen übrigens die nur 3–4 cm hohen, duftigen Dukatenbuchteln, die ofenwarm mit molliger Vanillesauce serviert werden. In Richtung handfester Deftigkeit gehen hingegen „Wuchteln“ (ein Synonym für Buchteln), wenn sie von einem Kabarettisten stammen. Damit bezeichnet man in Wien nämlich eine Pointe, die sitzt.

Apfelstrudel

Zutaten

Für den Strudelteig
(ersatzweise fertig gekaufter Strudel- oder Blätterteig)

- 200 g Mehl
- 100–125 ml lauwarmes Wasser
- 1 EL Öl
- Prise Salz
- Öl und reichlich flüssige Butter zum Bestreichen
- Ei zum Bestreichen für Blätterteig
- Mehl zum Bestauben
- Staubzucker zum Bestreuen

Für die Fülle

- 1,25–1,5 kg Äpfel
- 50–100 g Zucker je nach Säure der Äpfel
- 3 EL Butter für die Butterbrösel
- 3 EL geriebene Haselnüsse
- 100 g Semmelbrösel
- ca. 4 EL in Rum eingeweichte Rosinen
- Zitronensaft und -schale
- Zimt
- Gewürznelkenpulver

Zubereitung

- Mehl auf die Arbeitsfläche aufhäufen, oben eine Mulde eindrücken und Öl sowie Wasser hineingeben. Mit einer Prise Salz aromatisieren und alles zu einem geschmeidigen Teig verkneten. Bei Bedarf etwas Wasser oder Mehl zugeben, damit der Teig die richtige Konsistenz bekommt. Den Teig dabei am besten mit den Händen gut durcharbeiten, bis er wirklich elastisch ist. Zu einer Kugel formen, mit Öl bestreichen und mit Folie abgedeckt 30 Minuten bei Raumtemperatur rasten lassen.
- Inzwischen für die Fülle die Semmelbrösel in heißer Butter goldbraun rösten, Nüsse einrühren und wieder vom Herd nehmen.
- Äpfel schälen, blättrig schneiden und mit Zitronensaft beträufeln. Je nach Geschmack mehr oder weniger süßen und mit abgeriebener Zitronenschale, Zimt sowie Nelken aromatisieren.
- Backrohr auf 180–200 °C vorheizen.
- Ein großes Tuch (sauberes Tischtuch o.Ä.) mit Mehl bestauben, den Teig auflegen, ebenfalls mit Mehl bestauben und mit dem Nudelwalker rechteckig ausrollen.
- Nun mit beiden Händen (Handrücken nach oben) unter den Teig greifen und diesen durch sanftes Ziehen nach allen Richtungen hin möglichst dünn ausziehen.
- Die dicken Ränder rundum wegschneiden und unter das untere Ende des Teiges einen Bogen Backpapier ziehen. (Der Strudel kann dann leichter in die Form gehoben werden.)
- Die Butterbrösel auf das obere Drittel des Teiges verteilen, Apfelfülle auftragen und mit Rosinen bestreuen. Den frei gebliebenen Teig mit flüssiger Butter bestreichen. Die Ränder seitlich einschlagen, das Tuch mit dem Strudel anheben und den Strudel dadurch einrollen. Die Enden gut verschließen und den Strudel mit Hilfe des Backpapiers in die Form heben. (Oder die Form zuvor gut mit Butter ausstreichen.) Die Nahtstelle soll dabei unten sein.
- Strudel mit flüssiger Butter großzügig bestreichen und 40–50 Minuten goldbraun backen. (Bei der Verwendung von Blätterteig die Fülle in der Mitte des Teiges auftragen, Seiten und Ränder zur Mitte hin zusammenklappen und die Verschlussstellen

gut festdrücken. Nach Geschick mit Teigresten dekorativ verzieren. Mit Ei bestreichen und etwas kürzer backen.)

- Gebackenen Strudel herausheben, kurz überkühlen lassen und mit Staubzucker bestreuen. Je nach Geschmack lauwarm oder erst nach dem völligen Auskühlen auftragen.

Backzeit: 35–45 Minuten (mit Blätterteig etwas kürzer)
Backrohrtemperatur: 180–200 °C

Topfenstrudel
mit Vanillesauce

Zubereitung

- Strudelteig wie beschrieben vorbereiten und rasten lassen.
- Inzwischen für die Fülle die Butter mit Staubzucker schaumig schlagen. Mit Vanillezucker und Zitronenschale aromatisieren. Die Eier trennen und die Dotter langsam einrühren. Topfen mit Sauerrahm glatt rühren oder passieren und ebenfalls zugeben.
- Eiklar mit Kristallzucker und einer Prise Salz steif schlagen und abwechselnd mit dem Mehl unterziehen.
- Backrohr auf 180–200 °C vorheizen.
- Strudelteig wie beschrieben ausziehen, die Fülle auf einen Teil des Teiges auftragen und die marinierten Rosinen darüberstreuen. Den frei bleibenden Teil mit flüssiger Butter bestreichen und den Strudel einrollen.
- In eine passende, nicht zu große, mit Backpapier ausgelegte oder mit Butter bestrichene Form setzen. (Da der Strudel beim Backen etwas auseinanderläuft, sollte die Form eher knapp bemessen sein und der Strudel eventuell u-förmig in die Form gegeben werden.)
- Mit flüssiger Butter bestreichen und im heißen Backrohr 40–50 Minuten goldbraun backen.
- Topfenstrudel nach dem Backen herausheben und nach Geschmack warm oder kalt mit der vorbereiteten warmen Vanillesauce auftragen.
- Inzwischen für die Vanillesauce das Puddingpulver mit einigen Esslöffeln Milch glatt rühren. Restliche Milch in einem Topf bei geringer Hitze mit Vanillemark (oder -zucker), Zucker sowie Rum langsam aufkochen. Glattgerührtes Puddingpulver zugeben und kurz einkochen lassen. Topf vom Herd nehmen und (für eine besonders schöne Farbe) die Eidotter und/oder das Schlagobers unter kräftigem Schlagen mit einem Schneebesen einrühren. Warm servieren.

Backzeit: 40–50 Minuten
Backrohrtemperatur: 180–200 °C

Zutaten

- Strudelteig siehe Apfelstrudel S. 100
- 500 g Topfen
- 250 g Sauerrahm
- 6 Eier
- 120 g Butter
- 150 g Staubzucker
- 2 EL Kristallzucker
- 2–3 EL Mehl
- 60 g in Rum eingelegte Rosinen
- Salz
- abgeriebene Zitronenschale
- 1 Pkg. Vanillezucker
- flüssige Butter zum Bestreichen

Für die Vanillesauce
- 500 ml Milch
- 1 Pkg. Vanillepuddingpulver
- Mark von 1 ausgekratzten Vanilleschote oder 1 Pkg. Vanillezucker
- 100 g Zucker
- Schuss Rum nach Geschmack
- 1–2 Eidotter und/oder 50–100 ml Schlagobers zum Abrunden

Millirahmstrudel
mit Kanarimilch
(Milchrahmstrudel)

Zutaten

- Strudelteig siehe Apfelstrudel S. 100
- 6 altbackene Semmeln
- 200–250 ml Milch (je nach Trockenheit der Semmeln)
- 120 g Butter
- 100 g Zucker
- 150 g Topfen
- 100 g Sauerrahm
- 4 Eier
- 1 Pkt. Vanillezucker
- etwas geriebene Zitronenschale
- 2 EL Kristallzucker für den Schnee
- 60 g in Rum eingeweichte Rosinen nach Belieben
- flüssige Butter zum Bestreichen
- Staubzucker zum Bestreuen

Für den Überguss
- 300–400 ml Milch
- 3 Eier (oder 1 Ei und 2 Eidotter)
- 2 EL Staubzucker
- 1 Pkt. Vanillezucker

Für die Kanarimilch
(ersatzweise warme Vanillesauce s. S. 103)
- 500 ml Milch
- ausgekratztes Mark von 1 Vanilleschote (oder 1 Pkg. Vanillezucker)
- 2–3 EL Zucker
- 3 Eidotter

Zubereitung

- Den Strudelteig wie beschrieben vorbereiten und rasten lassen.
- Für die Fülle die Semmeln entrinden, würfelig schneiden und mit Milch übergießen. Ziehen lassen. Die Eier trennen.
- Butter mit Zucker schaumig schlagen. Eidotter nach und nach einrühren. Rahm mit Topfen glatt rühren, zugeben und alles cremig rühren. Mit Vanillezucker und Zitronenschale aromatisieren.
- Semmeln bei Bedarf ausdrücken und ebenfalls daruntermengen. Eiklar mit wenig Kristallzucker steif schlagen und unter die Masse heben.
- Backrohr auf 180–200 °C vorheizen. Für den Überguss die Milch mit Eiern, Staub- und Vanillezucker versprudeln und bereitstellen.
- Den Strudelteig wie im Rezept beschrieben ausziehen, die Semmelfülle auf einen Teil des Teiges auftragen und die marinierten Rosinen darüberstreuen. Restlichen Teig mit flüssiger Butter bestreichen.
- Strudeltuch anheben und den Strudel einrollen, dabei die Ränder seitlich einschlagen.
- In eine passende, nicht zu große, mit Backpapier ausgelegte oder mit Butter bestrichene Form setzen (Achtung, der Strudel läuft beim Backen etwas auseinander!). Mit flüssiger Butter bestreichen und im heißen Backrohr 5–10 Minuten anbacken. Einen Teil der Eiermilch über den Strudel gießen und weitere 35–45 Minuten fertig backen. Währenddessen wiederholt etwas Milch zugießen, damit am Ende alles verbraucht und der Strudel goldgelb geworden ist.
- Herausheben, mit Staubzucker bestreuen und mit der vorbereiteten Kanarimilch servieren.
- Für die Kanarimilch alle Zutaten über Dampf so lange schlagen, bis die Sauce etwas anzieht und sämig wird.

Backzeit: 40–50 Minuten
Backrohrtemperatur: 180–200 °C

Typisch Wien

Legenden werden nicht wahrer, auch wenn sie noch so oft erzählt werden, was aber speziell im Falle des gerne zelebrierten Kulinarik-Ratespiels „Wie heißt das Gericht und wo kommt es her?“ nicht so wichtig ist. Also kursieren auch über die Herkunft des Milchrahmstrudels – so die hochdeutsche Variante von „Millirahmstrudel“ – gleich mehrere Geschichten. Eine davon erzählt von einer hübschen Bäckerin namens Milli, der Wiener Kurzform für Emilie, die diese süße Köstlichkeit erfunden haben soll. Eine andere Mär berichtet von einer idyllischen Gastwirtschaft vor den Toren Wiens, die für ihre warmen Mehlspeisen und Strudel weitum gerühmt wurde. Ihr Aushängeschild: ein aus Milch, Rahm und sonstigen Leckereien zubereiteter Strudel. Ob Milchrahm- oder Topfenstrudel – für den Wiener ist die warme Vanillesauce dazu mindestens so wichtig wie der Strudel selbst. Die Bezeichnung „Kanarimilch“ (gesprochen Kanarimüch) für die ohne Stärke zubereitete, etwas flüssigere Spielart der Sauce findet man leider nur mehr sehr selten auf den Speisekarten. Vermutlich liegt das auch an der in Wiener Haushalten stark zurückgegangenen Zahl an gelben Kanarienvögeln – die sollen nämlich dem Hörensagen nach für diesen kuriosen Namen verantwortlich gewesen sein. Wenn es wahr ist …

Kaiserschmarren

mit Zwetschkenröster

Zutaten

- 6 Eier
- 150 ml Milch und 50 ml Schlagobers (oder 200 ml Milch)
- 150–200 g glattes Mehl
- 2–3 EL Zucker für den Schnee
- 2–3 EL Rosinen
- 1 Pkg. Vanillezucker
- Rum zum Marinieren
- etwas abgeriebene Zitronenschale
- Prise Salz
- Zimt und Zucker zum Bestreuen
- 2–3 EL Butter zum Backen
- je 1–2 EL Butter und Kristallzucker zum Karamellisieren

Zubereitung

- Rosinen mit Rum beträufeln und ziehen lassen.
- Die Eier trennen und die Dotter locker mit Milch, Obers, Vanillezucker und der Zitronenschale verschlagen. Eiklar etwas schlagen, Zucker zugeben und zu festem Schnee schlagen. Schnee abwechselnd mit dem Mehl unter die Dottermilch mischen.
- In einer großen (am besten beschichteten) Pfanne Butter schmelzen, die Masse eingießen und die marinierten Rosinen darüberstreuen. So lange backen, bis die Unterseite zart braun geworden ist, wenden (der Teig kann dabei ohne weiteres „reißen") und die andere Seite ebenfalls so lange goldbraun backen, bis der Teig außen goldbraun, innen aber noch flaumig ist. (Der Kaiserschmarren kann auch nach dem ersten Anbacken im 180 °C heißen Backrohr etwa 10 Minuten fertig gebacken werden.)
- Kaiserschmarren mit zwei Gabeln in kleine Stücke reißen, die Butter in kleinen Flöckchen darüber verteilen, mit Kristallzucker bestreuen und nochmals kurz bei relativ kräftiger Hitze karamellisieren lassen.
- Auf vorgewärmten Tellern anrichten, mit Zimt und Zucker bestreuen und mit Zwetschkenröster servieren.

Zubereitungszeit: 10–15 Minuten
Beilagenempfehlung: Zwetschken-, Marillen- oder Beerenröster, aber auch andere Kompotte

Typisch Wien

Leicht hatten es die Köche des österreichischen Kaiserpaares Franz Joseph und Elisabeth mit Sicherheit nicht. Denn dass Sisi ihr Figurbewusstsein über alles ging und das keinesfalls nur gesund war, darüber sind sich Historiker längst einig. Dafür verdanken wir dem Schlankheitswahn der Kaiserin eine der berühmtesten österreichischen Mehlspeisen – so man einer der zahlreichen Legenden rund um diesen Dessertklassiker glauben möchte. Selbige berichtet von einem Dessert aus Omelettenteig, garniert mit Zwetschkenröster, das der Pâtissier seiner noblen Herrschaft auftischte und das Sisi offenbar zu üppig war. Mit den Worten

Powidlt
mit Zuckerl

Zubereitung

- Die gekochten Erd
se drücken. Mit Me
elastischen Teig ve
- Inzwischen Powidl
wie Zucker nach Ge
- Nun den Teig auf e
ausrollen und Sche
chen.
- Mit einem Mokkal
etwas von dem aro
zu viel Fülle verwen
werden können un
scherl zu einem Ha
rundum gut festdrü
in den Teigrand hine
- In einem großen Top
chen. Powidltascher
ca. 6–8 Minuten zieh
- Inzwischen für die Z
Semmelbrösel darin
Vom Herd nehmen, d
mit Vanillezucker so
- Fertig gekochte Pow
den vorbereiteten Z
Staubzucker bestreu

Garzeit: 7–10 Minuten
Verwendung: In den Te
oder Nussfülle gefüllt w

„Na, geb er halt her den Schmarren ..." nahm der gute Kaiser dem ratlosen Lakaien auch Sisis Portion ab – und gab diesem Klassiker somit seinen unvergesslichen Namen.

Zwetschkenröster

Zutaten

- 1 kg Zwetschken
- 1 Zimtstange (oder Zimtpulver)
- Zucker nach Geschmack (ca. 150 g)
- ca. 8 Gewürznelken
- etwas Zitronensaft

Zubereitung

- Die Zwetschken halbieren, die Kerne entfernen und Zwetschken in einen Topf geben.
- Mit Zucker und evt. Zimtpulver bestreuen, mit etwas Zitronensaft beträufeln und kurz stehen lassen.
- Inzwischen die Gewürznelken und die (zerbrochene) Zimtstange in ein Teesäckchen binden, dann zugeben und die Zwetschken weich garen. Währenddessen wiederholt durchrühren und bei Bedarf wenig Wasser zugießen.
- Löst sich die Haut etwas von den Zwetschken, ist der Röster fertig. Röster vom Herd nehmen und völlig auskühlen lassen. (Oder für eine längere Haltbarkeit heiß in Einsiedegläser füllen und gut verschlossen auskühlen lassen.)

Garzeit: ca. 30 Minuten
Verwendung: als Beilage zu warmen Mehlspeisen (neben Kaiserschmarren auch zu Topfenknödeln oder Liwanzen)

Handgewutzelte Mohnnudeln

Schupfnudeln mit Mohn

Zutaten für ca. 6 Portionen

Für den Erdäpfelteig (oder Erdäpfelteig s. Powidltascherl S. 109)

- 700 g gekochte und geschälte Erdäpfel (ca. 1 kg mit Schale)
- 1 Ei
- 2 gehäufte EL Grieß
- 3 EL Butter
- 1 Pkg. Vanillezucker
- 300 g Mehl
- Prise Maisstärke nach Belieben
- Prise Salz

Zum Wälzen

- 100 g gemahlener Mohn
- 70–100 g Butter
- Staubzucker

Zubereitung

- Die kalten Erdäpfel durch eine Erdäpfelpresse drücken und eine kleine Mulde eindrücken. Butter schmelzen und in die Mulde gießen. Das Ei einschlagen und mit Grieß, Mehl, Vanillezucker, einer kleinen Prise Salz und etwas Maisstärke zu einem geschmeidigen Teig verarbeiten. Zu einer Kugel formen und 10 Minuten rasten lassen.
- In einem großen, breiten Topf leicht gesalzenes Wasser aufstellen.
- Teig in 2 oder 3 Teile teilen, jeweils zu einer etwa zwei Daumen breiten Rolle formen und mit dem Messer kleine Stückchen davon abtrennen. Zwischen den leicht befeuchteten Handflächen zu kleinen, fingerlangen Nudeln „wutzeln" und (am besten in mehreren Tranchen) im leicht wallenden Wasser ziehen lassen, bis die Nudeln an die Oberfläche aufsteigen.
- Inzwischen in einer großen Pfanne die Butter zum Wälzen schmelzen lassen. Mohn einrühren und nach Geschmack süßen.
- Schupfnudeln behutsam herausheben, in die Pfanne geben und im süßen Mohn wälzen. Anrichten und vor dem Servieren mit Staubzucker bestreuen.

Garzeit: ca. 3 Minuten
Verwendung: Ohne Zugabe von Vanillezucker in den Teig und nur in flüssiger Butter geschwenkt, werden Schupfnudeln auch gerne als Beilage in der pikanten Küche verwendet, etwa zu Fleischgerichten mit Sauce, Ragouts etc.

Typisch Wien

G'schupft und g'wutzelt müssen sie sein, die köstlichen Erdäpfelnudeln. In ihrer Herkunft eng mit den böhmischen Skubanki verwandt, wird die Wiener Variante nicht in Fett herausgebacken, sondern schonend in Wasser gekocht, um danach ordentlich ins Butterbad getaucht zu werden. Selbiges wird in der süßen Küche meist durch gezuckerten Mohn oder geriebene Nüsse verfeinert, kann aber für Schupfnudeln, die als Begleitung für saucenreiche Fleischgerichte auftreten sollen, ganz neutral ausfallen. Was die Begriffe „g'schupft" und „g'wutzelt" betrifft, so offenbart sich hier die Wiener Sprache in ihrer ganzen Vielfalt. Während vor allem die Jugend beim Begriff „Wutzeln" reflexartig ans Match beim kleinen Tischfussballspiel denkt, träumen Genießer von flaumigen, mit der Hand „hin- und hergerollten" (so die Übersetzung von Wutzeln) Erdäpfelnudeln. Ähnliches trifft auf das Wörtchen „g'schupft" zu. Hin- und Herwerfen oder -rollen, wie es dem Teig beim Formen zu den kleinen Nudeln widerfährt, wird in der österreichischen Sprache auch als „Schupfen" bezeichnet. So weit, so gut. Ob die weitere Interpretation der Etymologen des Wortes „g'schupt" im Sinne von „übertrieben eitel jeder Mode folgend" auch auf die feine Mehlspeise anzuwenden wäre, ist eher zu bezweifeln. Auf eines der berühmtesten Wienerlieder von Gerhard Bronner trifft sie auf jeden Fall zu. Da rüstet sich „der g'schupfte Ferdl" aus einfachsten Verhältnissen nämlich im besten Sonntagsgewand zum Tanz in der Vorstadt – und kehrt windelweich verprügelt und mit blauem Auge wieder nach Hause.

Wiener Wäschermädl

Schlosserbuben

Zutaten

- 12 Marillen
- 150–200 g Rohmarzipan
- Zimt
- Backteig s. Apfelradln S. 113
- Pflanzenöl oder Butterschmalz zum Herausbacken
- Zimtzucker (mit Zimt vermengter Kristallzucker) oder Staubzucker nach Belieben

Für Schlosserbuben

- statt Marillen 20–24 weiche, in Rum marinierte Dörrzwetschken
- Marzipan oder je eine geschälte, blanchierte Mandel zum Füllen
- 100 g geriebene Schokolade zum Wälzen

Zubereitung

- Aus den Marillen mit Hilfe eines Kochlöffelstiels den Kern entfernen. Marzipan mit einer Prise Zimt zu kleinen Kügelchen formen und diese statt des Kerns einsetzen. (Für Schlosserbuben die entkernten Dörrzwetschken mit Marzipan oder je einer Mandel füllen bzw. je 2 Zwetschken zusammensetzen und festdrücken.)
- Backteig wie beschrieben vorbereiten und reichlich Fett in einer Pfanne erhitzen. Die gefüllten Marillen oder Zwetschken durch den Teig ziehen, ins Fett einlegen und rundum goldbraun herausbacken.
- Herausheben, auf Küchenpapier abtropfen lassen und anrichten. Vor dem Servieren die Wiener Wäschermädl mit Staub- oder Zimtzucker, die Schlosserbuben mit geriebener Schokolade bestreuen.

Zubereitungszeit: 5–8 Minuten

Apfelradln

Gebackene Apfelspalten

Zubereitung

- Die Äpfel schälen, das Gehäuse ausstechen und Äpfel in 1 cm starke Scheiben schneiden. Rasch mit Zitronensaft beträufeln, mit Zimtzucker bestreuen und ziehen lassen.
- Inzwischen für den Backteig die Eier trennen. Eidotter mit Öl und Milch verschlagen, mit Mehl sowie Vanillezucker verrühren und kurz rasten lassen.
- Eiklar mit einer Prise Salz zu festem Schnee schlagen und mit der Dottermasse zu einem nicht zu dünnflüssigen Teig verrühren. (Eventuell noch etwas Mehl einrühren.)
- In einer großen, tiefen Pfanne reichlich Öl erhitzen. Apfelscheiben durch den Teig ziehen, ins heiße Fett einlegen und auf beiden Seiten knusprig herausbacken.
- Herausheben, auf Küchenpapier abtropfen lassen und anrichten. Vor dem Servieren mit Staub- oder Zimtzucker bestreuen.

Zubereitungszeit: 3–5 Minuten

Zutaten

- 4 schöne Äpfel
- Zitronensaft
- Zimtzucker (mit Zimt vermengter Kristallzucker)
- Pflanzenöl oder Butterschmalz zum Herausbacken
- Staubzucker nach Belieben

Für den Backteig

- 130–150 g Mehl
- 2 Eier
- ca. 150 ml Milch oder Mineralwasser
- Schuss Öl
- Salz
- 1 Pkg. Vanillezucker

Pofesen

Zutaten

- 8 Scheiben frisches oder altbackenes Weißbrot (z.B. Toastbrot)
- 2 Eier
- ca. 250 ml Milch
- 1 EL Mehl nach Belieben
- Schuss Rum oder Marillenschnaps nach Geschmack
- 1 Pkg. Vanillezucker
- Zimt
- beliebige Marmelade oder Powidl zum Bestreichen
- Butterschmalz oder Öl zum Herausbacken
- Staub- und Zimtzucker (Kristallzucker mit Zimt vermengt) zum Bestreuen

Zubereitung

- Powidl oder Marmelade nach Geschmack mit einem Schuss Rum oder Marillenschnaps aromatisieren und gut verrühren.
- Die Hälfte des Weißbrotes mit Marmelade oder Powidl bestreichen und mit je einer Scheibe nicht bestrichenem Weißbrot abdecken. Nach Belieben einmal diagonal durchschneiden oder ganz lassen.
- Milch in einen Teller gießen, Vanillezucker darin auflösen und mit einer Prise Zimt aromatisieren. Eier in einem zweiten Teller nach Belieben mit Mehl versprudeln.
- Reichlich Butterschmalz oder Öl in einer großen Pfanne erhitzen. Pofesen aus frischem Brot nur kurz in der Milch wenden, bei Verwendung von altbackenem Weißbrot etwas länger ziehen lassen (das Brot sollte aber nicht zu durchweicht sein).
- Durch die versprudelten Eier ziehen und sofort im heißen Fett auf beiden Seiten goldbraun und knusprig herausbacken.
- Herausheben und auf Küchenkrepp abtropfen lassen.
- Zuerst mit Zimtzucker, dann mit Staubzucker bestreuen.

Zubereitungszeit: 5–8 Minuten

Zwetschken- oder Marillenknödel

Zubereitung

- Butter Raumtemperatur annehmen lassen und mit dem Vanillezucker schaumig rühren. Ei, Topfen, Mehl und eine Prise Salz einrühren und alles zu einem geschmeidigen Teig verarbeiten (zuerst mit dem Mixer rühren, dann händisch durchkneten). Dabei eventuell mit etwas Mehl fester oder mit Butter lockerer machen.
- Zu einer Kugel formen und kühl mindestens 30 Minuten rasten lassen.
- Inzwischen das entkernte Obst nach Belieben mit je einem Stück Würfelzucker füllen (oder ungefüllt verarbeiten).
- Teig zu einer ca. 5–6 cm dicken Rolle formen, Scheiben davon abschneiden und auf der Handfläche etwas flachdrücken. Je eine Zwetschke oder Marille auflegen, Teig zusammenschlagen und durch sanftes Drücken und Rollen zu Knödeln formen. Dabei die Verschlussstelle gut festdrücken.
- In einem Topf leicht gesalzenes Wasser aufkochen, die Knödel behutsam einlegen und ca. 10 Minuten leicht wallend kochen. Mit einem Knödelheber herausheben und in den vorbereiteten Zuckerbröseln wälzen. Vor dem Servieren mit Staubzucker bestreuen.

Garzeit: ca. 10 Minuten

Zutaten

- ca. 500 g entkernte Zwetschken oder Marillen
- Würfelzucker nach Bedarf
- Staubzucker zum Bestreuen
- Zuckerbrösel zum Wälzen (s. Powidltascherl S. 109)

Für den Topfenteig (oder Erdäpfelteig verwenden s. Powidltascherl S. 109)

- 250 g Topfen
- 150–180 g Mehl je nach Bedarf
- 50 g Butter
- 1 Pkg. Vanillezucker
- 1 Ei
- Prise Salz

Topfenknödel

Zutaten

- 400 g Topfen
- 3 altbackene Semmeln
- 2 Eier
- ca. 160 g Grieß
- 1 Pkg. Vanillezucker
- Prise Salz
- Milch zum Einweichen
- Zuckerbrösel zum Wälzen (s. Powidltascherl S. 109)
- Staubzucker zum Bestreuen

Zubereitung

- Die Semmeln entrinden, halbieren oder vierteln und in Milch einweichen. Ausdrücken und mit dem Topfen passieren.
- Eier, Grieß, eine kleine Prise Salz sowie Vanillezucker einrühren und zu einer Masse verarbeiten. Dabei je nach Konsistenz noch etwas Grieß einarbeiten. Kühl mindestens 1 Stunde, am besten aber länger rasten lassen.
- Von der Masse kleine Stückchen abtrennen und zwischen den Händen zu Knödeln formen.
- In einem Topf leicht gesalzenes Wasser aufkochen, die Knödel einlegen und ca. 10 Minuten leicht wallend kochen.
- Inzwischen die Zuckerbrösel wie beschrieben vorbereiten.
- Topfenknödel mit einem Knödelheber herausheben und in den Zuckerbröseln wälzen. Vor dem Servieren noch kräftig mit Staubzucker bestreuen.

Garzeit: ca. 10 Minuten
Garniturempfehlung: Zwetschkenröster (s. S. 107)

Scheiterhaufen

Kipferlkoch

Zubereitung

- Semmeln in Scheiben schneiden und in eine Schüssel geben. Die Milch mit Eiern, Eidotter und Kristallzucker verquirlen. Mit einer Prise Zimt, abgeriebener Zitronenschale und Vanillezucker aromatisieren und den Guss über die Semmeln gießen. Ziehen lassen, bis die Semmeln die Flüssigkeit aufgenommen haben.
- Inzwischen für die Fülle die geschälten Äpfel in feine Scheiben schneiden und mit Zitronensaft beträufeln. Mit Rosinen vermengen und nach Geschmack süßen. Mit Zimt, einem Schuss Rum sowie den gehackten Mandeln vermengen.
- Backrohr auf 180 °C vorheizen und eine passende Auflaufform mit Butter ausstreichen.
- Nun die Hälfte der Semmelmasse in die vorbereitete Form füllen, Apfelfülle darüber verteilen und mit Semmelmasse abschließen. Mit einigen Butterflocken belegen und im heißen Backrohr 30–45 Minuten (je nach Form) goldgelb backen.
- Inzwischen für die Schneehaube Eiklar mit Zucker zu steifem Schnee schlagen. Etwa 5–10 Minuten vor Ende der Backzeit maximale Oberhitze zuschalten, den Schnee auftragen und goldbraun fertig backen.

Backzeit: 30–45 Minuten je nach Form
Backrohrtemperatur: 180 °C
Garniturempfehlung: Zwetschkenröster oder Kompott

Typisch Wien

Wenn echte Wiener von einem Koch so richtig schwärmen, da lohnt es sich nachzufragen, ob sie damit die Person hinter dem Herd oder nicht vielleicht ein Koch meinen. Denn das Koch ist keineswegs eine grammatikalische Fehlleistung, sondern eine vor allem in der Alt-Wiener Küche äußerst beliebte auflaufähnliche Mehlspeise, die beim Backen zu wunderbar flaumiger Form aufläuft. Auf den Speisekarten hat sich das Koch freilich ein wenig rar gemacht, was nicht heißt, dass man in Wiener Wirtshäusern nicht auch herrliche Schokolade- oder Nussaufläufe offerieren würde. Nur werden diese mittlerweile der breiten Verständlichkeit halber meist als Soufflé angepriesen.

Zutaten

- 6 altbackene Semmeln (für Kipferlkoch 6–7 Butterkipferl)
- 5–6 Äpfel
- ca. 200 ml Milch
- 2 Eier
- 1 Eidotter
- Zimt
- Zitronensaft
- geriebene Schale von 1 Zitrone
- 1 Pkt. Vanillezucker
- 2 EL Kristallzucker für den Guss
- Kristallzucker für die Äpfel nach Bedarf
- 2 EL Rosinen
- Schuss Rum
- 2 EL grob gehackte oder geriebene Mandeln
- Butter nach Bedarf

Für die Schneehaube

- 2–3 Eiklar
- 50–70 g Kristallzucker

Mohr im Hemd
mit warmer Schokoladesauce

Zutaten

- 5 Eier
- 100 g Butter
- 100 g geriebene (oder geschmolzene) dunkle Kuvertüre oder Kochschokolade
- 70–100 g Kristallzucker je nach Geschmack
- 100 g geriebene Haselnüsse
- 1–2 EL Mehl
- 2–3 EL Semmelbrösel nach Bedarf (am besten aus geriebenem, entrindetem frischem Weißbrot)
- Prise Salz
- Butter und Kristallzucker für die Förmchen
- geschlagenes Obers zum Garnieren

Für die Schokoladesauce

- 300 g Kochschokolade
- 200 ml Milch
- Rum oder Grand Marnier
- 100–150 ml Schlagobers

Zubereitung

- Die Eier trennen. In einer Rührschüssel die Butter mit Dottern und etwa der Hälfte des Zuckers schaumig rühren. Schokolade zugeben.
- Backrohr auf 180 °C vorheizen, kleine Portionsförmchen mit flüssiger Butter ausstreichen und mit Kristallzucker ausstreuen.
- Eiklar mit einer Prise Salz und dem restlichen Zucker zu Schnee schlagen und abwechselnd mit den Bröseln, Nüssen und Mehl unter die Masse heben.
- Masse in die vorbereiteten Förmchen etwa zwei Drittel hoch einfüllen (Achtung, der Auflauf geht beim Backen noch auf!). In eine große Wanne so viel siedendes Wasser eingießen, dass die Förmchen zur Hälfte im Wasser stehen. Ins heiße Backrohr schieben und 35–45 Minuten backen.
- Inzwischen für die Sauce die Schokolade in Stücke brechen und in der Milch bei nicht zu hoher Temperatur aufkochen lassen. Unter wiederholtem Rühren etwa 10 Minuten einkochen lassen. Mit einem Schuss Rum oder Grand Marnier abschmecken.
- Schlagobers schlagen. Sauce vom Herd nehmen, nach Belieben aufmixen und das geschlagene Obers einrühren.
- Die fertig gebackenen „Mohren" aus dem Wasserbad heben, stürzen und mit der Sauce beträufeln. Mit steif geschlagenem Obers garnieren und warm auftragen.

Backzeit: 35–45 Minuten
Backrohrtemperatur: 180 °C

Typisch Wien

„War net Wien, wann net durt, wo ka Gfrett is, ans wurdt." Diese Zeilen aus der Feder des österreichischen Lyrikers Josef Weinheber (1892–1945) bedeuten sinngemäß, dass man in Wien stets auch dort Ärger (Gfrett) sucht, wo eigentlich gar kein Grund dafür besteht. So wird neuerdings auch um den armen „Mohren im Hemd" ein „Mordsbahö", sprich Aufsehen, gemacht. Der Ausdruck sei nicht mehr politisch korrekt, müsse schlicht und einfach verschwinden und durch „Schokoladesoufflé" ersetzt werden, meinen die einen. „Uns doch wurscht (egal), Mohren im Hemd und Indianer mit Schlag (eine Art Biskuitkrapfen, gefüllt mit Schlagobers) gibt´s, seit wir denken können", tönt es von der anderen Seite. Wie immer man zu diesem Problem stehen mag, solange mit der Erwähnung dieser Mehlspeise kein despektierliches Gedankengut transportiert werden soll, spricht wenig gegen den süßen Mohren. Es sei denn, er wäre lieblos und schlecht zubereitet – da würden die Wiener aber auch gegen das Schokosoufflé Sturm laufen. Denn schlecht zu essen, ist noch schlimmer, als politisch unkorrekt zu sein.

Wien kulinarisch
Begriffe aus Küche und Keller, die Sie kennenlernen sollten

Abtrieb: Im Gegensatz zum Almabtrieb von der Alm werden in der Wiener Küche bei einem Abtrieb Ingredienzien wie Butter oder Eier schaumig gerührt.
Achterl: Maßeinheit für 125 ml Wein. Möchte man vom selben Wein nochmals ein Glas, so erübrigt sich die nähere Definition. „Ein Achterl bitte", reicht völlig aus.
Alzerl (sprich: Äuzerl): Wiener Ausdruck für eine sehr kleine, geringe Menge.
Anschwitzen: Speck-, Zwiebel- oder Gemüsewürfel in Fett anrösten.
Ausg'steckt: Ein echter Wiener erkennt an dem vor der Türe „ausg'steckten" (oder nicht angebrachten) Buschen aus Tannenreisig oder Stroh, ob der angepeilte Heurige (s. dort) offen hat oder nicht.
Auslassen: Speckwürfel so lange anbraten, bis der Großteil des Fettes ausgetreten ist.
Backhendl: Des Wieners liebste Variante, Hühner zu verspeisen – in Mehl, verquirlten Eiern und Bröseln panierte Hendlteile, die in heißem Fett knusprig herausgebacken werden.
Bauchfleisch: Gebratenes, sehr fettes Schweinefleisch, das vor allem beim Wiener Heurigen gerne als warmer Imbiss gegessen wird.
Beinfleisch: Das von Fett durchzogene Stück Rindfleisch „am Bein", sprich Knochen, gilt zwar nicht als so hochwertig wie der fettärmere Tafelspitz, wird aber von Feinspitzen wegen seiner Saftigkeit fast noch lieber gegessen.
Beiried (die): Das Rippenstück vom Rind wird meist in Scheiben geschnitten und wie Rostbraten gedünstet oder kurz gebraten.
Beisel: Wiener Synonym für ein kleines, gemütliches Lokal (Kneipe) mit (meist guter) Hausmannskost.
Beusche(r)l: Das Ragout aus Lunge und Herz stammt meist vom Kalb, rund um Ostern findet man auch Beuschel vom Lamm oder Kitz (Ziege).
Biegerl, Beugerl: Kommt das Beugerl vom Huhn, so ist damit ein Hühnerhaxerl, sprich „Hühnerkeule", gemeint. Sieht es nach Mehlspeise aus (meist mit Mohn- oder Nussmasse gefüllt), so handelt es sich um ein kleines, süßes Kipferl. Ein Biegerl hingegen bezeichnet immer ein Hendlhaxerl.
Biskotten: Löffelbiskuit

Blunz(e)n: Blutwurst. Auf gut-wienerisch wird dieses Wort vor allem für eine nicht sehr kluge weibliche Person verwendet. Die Blunz(e)n tritt meist knusprig gebraten oder in Scheiben geschnitten, paniert und goldgelb herausgebacken auf.

Brauner (kleiner, großer): Im Gegensatz zur Melange starker, schwarzer Kaffee (Mokka), der mit ein wenig Milch oder flüssigem Schlagobers serviert wird.

Bries: Kalbsmilch (Innerei)

Brösel: Semmelbrösel, Paniermehl

Bruckfleisch: Nahezu ausgestorbenes Alt-Wiener Gericht aus billigen Rindfleischresten und Innereien, das nach dem Originalrezept mit Blut (heute meist mit Powidl) gebunden wird.

Buchteln: Durch die böhmischen Köchinnen in Wien heimisch gewordenes kleines, meist mit Powidl gefülltes Germgebäck (Ofennudeln aus Hefeteig). Ungefüllte, sehr klein geformte (Dukaten-) Buchteln werden gerne mit warmer Vanillesauce gegessen.

Burenwurst (Burenhäutl): Beliebte Wiener Brühwurst, auch „Haße" (die Heiße) genannt, die vorzugsweise am Würstelstand mit Senf und frisch geriebenem Kren (Meerrettich) gegessen wird.

Busserl: Das österreichische Wort für einen flüchtigen Kuss auf die Wange bezeichnet in der Wiener Küche kleine Kekse (Plätzchen) wie z. B. Kokosbusserl.

Butterschnitzel: Aus reinem Kalbfleisch zubereitetes, mild gewürztes faschiertes Laibchen, das mit Schlagobers verfeinert wird.

Dalken (Liwanzen): Auch die aus flüssigem Germteig in heißem Fett herausgebackenen kleinen, runden Krapferl stammen aus dem Böhmischen und werden warm mit Topfen oder Powidl sowie reichlich Zimtzucker serviert.

Dampfl: Vorteig für Germ(Hefe-)teig

Datschkerl (Tatschkerl): Aus dem Tschechischen abgeleiteter Begriff für „kleine Tasche", der für kleine Mehlspeisen (Powidldatschkerl) verwendet wird.

Debreziner: Neben Frankfurtern und der „Haß'n" gilt die mit Paprikapulver aromatisierte scharfe Wurst an Wiener Würstelständen als Dauerbrenner.

Eidotter (Dotter): Eigelb

Eierschwammerl: Pfifferlinge

Eierspeis': Wiener Rührei

Eiklar: Eiweiß

Einbrenn: Die braune Mehlschwitze spielte in der Alt-Wiener Küche vor allem bei der Gemüse- und Saucenzubereitung eine große Rolle.

Einmach: Helle Mehlschwitze, die früher nicht nur bei Suppen, sondern auch für Fleischragouts (Einmachhuhn, eingemachtes Kalbfleisch) gerne verwendet wurde.

Einspänner: Analog zum Ein-Pferd-Fuhrwerk bezeichnet man in Wien damit ein einzelnes Frankfurter Würstel, das zwischendurch gegessen wird. Im Wiener Kaffeehaus wiederum läuft ein großer Mokka, der mit Schlagobers garniert und im Henkelglas serviert wird, ebenfalls unter Einspänner.

Eitrige: Der im gleichen Maße unappetitliche wie beliebte Ausdruck für eine heiße Käsekrainer ist im Verein mit dem „16er-Blech", einem Dosenbier aus der Ottakringer Brauerei im 16. Bezirk, Synonym für die Esskultur des modernen Wiener Phäakentums.

Erdapfel (Mz. Erdäpfel): Kartoffel

Essiggurkerl: Kleine, in Essigwasser eingelegte Gewürzgurken (Cornichons)

Extrawurst: Geräucherte und gebrühte Wurstsorte, die im übertragenen Sinn gleichbedeutend für „eine Sonderstellung einfordern" verwendet wird.

Faschiertes: Hackfleisch

Fischbeuschelsuppe: Die pikant gewürzte Suppe aus Fischinnereien (Rogen, Milchner) ist nur mehr sehr selten zu finden, war in der Alt-Wiener Küche allerdings speziell um Weihnachten sehr beliebt.

Fisolen: Grüne Bohnen

Fleckerl: Kleine, quadratische Nudeln, die vor allem für Schinkenfleckerl und Fleckerlspeis (gekochte Fleckerl mit Fleisch) verwendet werden.

Fogosch: Zander (Hechtbarsch), auch Schill genannt

Frankfurter: Wiener Würstchen

Frittaten: Beliebte Suppeneinlage aus in Streifen geschnittenen Palatschinken (Pfannkuchen)

Gelbe Rübe: Möhre

Germ: Hefe

Geselchtes: Räucherfleisch

Golatsche (Kolatsche): Das meist mit Topfen-, Nuss- oder Mohnmasse gefüllte kleine Täschchen aus Plunder- oder Blätterteig ist fixer Bestandteil einer Wiener Kaffeejause.

Grammeln: Grieben

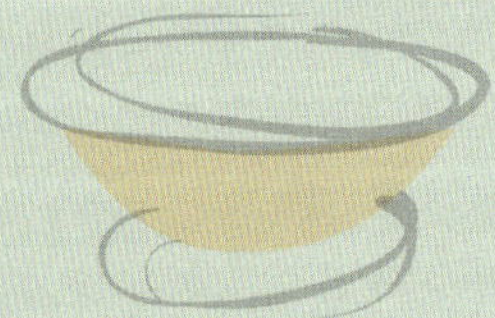

Greißler: Tante-Emma-Laden, der früher nicht nur wichtigster Nahversorger, sondern auch Gerüchte-Drehscheibe war.
Gschlader: Zu dünne Flüssigkeiten, wie etwa Bier oder Kaffee, die nicht auf Wohlgefallen stoßen.
G'spritzter (Spritzer): Mit Sodawasser verdünnter Wein, der den Wein schon in seiner Bedeutung trägt. Der echte Wiener bestellt also keinen „g´spritzten Wein", sondern einen G'spritzten (weiß oder rot).
Guglhupf: Napfkuchen
Häferl: Wiener Ausdruck für größere Tasse, weshalb der Häferlkaffee (schwacher Kaffee) in einer größeren Tasse serviert wird.
Häfen: Der Wiener Ausdruck für Topf oder Kasserolle bedeutet in der Umgangssprache auch Gefängnis.
Häuptel: Kopf (z.B. Kopfsalat, Krautkopf)
Handsemmerl: Besonders gute, mit der Hand zubereitete Semmel (Brötchen)
Haße: Burenwurst (s. dort)
Hend(er)l: Huhn, Hähnchen
Heurige: Frühkartoffeln
Heuriger: Beim Heurigen trinkt man am besten Heurigen. Womit die Erklärung des Wortes als „junger Wein" einerseits und für Buschenschank (mit ausschließlich Eigenbauweinen und dem typischen Heurigenbuffet hinter der Glasvitrine) andererseits gegeben ist.
Hieferscherzel: Beliebtes Stück Rindfleisch zum Sieden.
Holler: Holunder
Junges: „Kleines" wie Flügerl, Magen und Hals von Hühnern, Enten oder Gänsen für die Suppe.
Jungfernbraten: Schweinslungenbraten (-filet)
Kanarimilch: Warme, verdünnte Vanillesauce, die als Garnitur zu Milchrahmstrudel oder Dukatenbuchteln serviert wird.
Karfiol: Blumenkohl
Karotte: Mohrrübe
Kavalierspitz: Beliebtes, sehr saftiges Fleisch von der Rindsschulter zum Sieden.
Kelch: Dieses Synonym für Kohl (Wirsing), gesprochen *kö:ch*, ist nur mehr wirklich echten Wienern geläufig.
Kipferl: Hörnchen. Beim Frühstück im Wiener Kaffeehaus gehören Butter- oder Briochekipferl einfach dazu. Nachmittags werden dann gerne gefüllte Mohn- oder Nusskipferl verspeist.
Kipfler: Sehr beliebte Erdäpfelsorte, die vorzugsweise für Salate oder Petersilerdäpfel verwendet wird.
Kletzen: Gedörrte Birnen

Knacker (Knackwurst): Sehr beliebte kleine, dickliche Brühwurst, die heiß (gekocht oder gebraten), aber auch kalt (mit Zwiebeln, Essig und Öl) gegessen wird.
Knödel: Kloß. Als Beilage für deftige Gerichte wie Schweinsbraten kommen ungefüllte Semmel-, Servietten- oder Erdäpfelknödel auf den Tisch, gefüllt mit Fleisch, Blutwurst oder Grammeln etc. und meist mit Sauerkraut serviert sind sie auch Hauptgericht. Zwetschken-, Marillen- oder Topfenknödel bilden den süßen Abschluss.
Knödelbrot: Altbackene Semmelwürfel für Knödel und Füllmassen
Koch (das): Der luftige, meist süße Auflauf war früher oft als Hauptspeise gedacht, kommt heute allerdings meist nur mehr als Dessert auf den Tisch.
Kohl: Wirsing
Kohlsprosserl: Rosenkohlröschen
Krainer (Käsekrainer): Die etwas derb auch „Eitrige“ genannte, recht deftige Wurst wird auch mit Käsestückchen angereichert (Käsekrainer) angeboten und vorzugsweise am Würstelstand verzehrt.
Kraut (Weiß- oder Rotkraut): Kohl (Weiß- oder Rotkohl)
Kren: Meerrettich. Die scharfe Wurzel spielt nicht nur bei den Beilagen zum Tafelspitz (Semmel- oder Apfelkren) eine große Rolle, sondern darf auch bei heißen Würsteln am Würstelstand als Garnitur für Debreziner und Krainer nicht fehlen.
Krüge(r)l: Maßeinheit für 0,5 Liter Bier.
Kruspelspitz: Fleisch von der Rindsschulter, das gerne für Siedefleisch verwendet wird.
Kutteln: Kaldaunen
Laberl, Laiberl: Kleines Laibchen
Leberkäse: Fleischkäse, der weder Leber noch Käse enthält – es sei denn, man wählt Käse-Leberkäse. Zum Großteil wird der heiße Leberkäse einfach in eine resche Semmel gelegt und als Imbiss gegessen.
Liwanzen: siehe Dalken
Lungenbraten: Wiener Ausdruck für Filet (Rinds-, Schweins- oder Lammfilet)
Marille: Aprikose
Marmelade: Konfitüre
Maroni: Edelkastanie
Mehlspeise: Süßspeise, die mit Mehl zubereitet wurde

Melange: Die auf der Übersetzung aus dem Französischen basierende „Mischung“ aus je zur Hälfte Espresso und Milch wird meist mit aufgeschäumter Milch serviert und ist „die“ Wiener Kaffeespezialität schlechthin.
Naschmarkt: Der berühmte Wiener Markt an der Wienzeile gilt für all jene als wichtigste Adresse, die nach Gewürzen, seltenen Aromen, frischem Obst und Gemüse sowie bester Qualität in Sachen Frischfisch und Fleisch Ausschau halten.
Nierndln: Niere von Kalb oder Schwein
Nockerl: Kleine Klößchen, meist aus Teig, die nicht rund, sondern oval oder länglich geformt sind.
Nudelwalker: Rollholz
Ochsenschlepp: Ochsenschwanz, der meist für kräftige Suppen verwendet wird, aber auch – lange genug geschmort – als eigenständiges Gericht geschätzt ist.
Omelett: Eierkuchen
Palatschinke: Pfannkuchen aus nicht zu dick eingegossenem Teig, die oft mit Marillenmarmelade gefüllt und zusammengerollt serviert werden.
Panad(e)lsuppe: Brotsuppe
Panieren: in Mehl, Ei und Bröseln wenden
Paradeiser: Tomate
Pfiff: Kleinste Maßeinheit für Bier, die je nach Lokal verschieden bemessen ist, meist aber zwischen 100–150 ml beträgt.
Pofesen: Das in der Wiener Mehlspeisküche beliebte Gericht besteht aus zwei zusammengelegten, meist mit Powidl gefüllten Weißbrotscheiben, die durch verquirltes Ei gezogen und in heißem Fett herausgebacken werden.
Polenta: Maisgrieß
Porree: Lauch
Powidl: Das dicklich eingekochte Pflaumenmus wird zwar von kaum einer Wiener Hausfrau noch selbst hergestellt, ist aber für die Wiener Mehlspeisküche (Powidltascherl, Powidlpofesen etc.) unentbehrlich.
Reibgerstl: Rollgerste
Rein (Reindl): Genereller Ausdruck für Topf oder Bratenpfanne (Kasserolle), in der Gerichte zubereitet und mitunter auch serviert werden. Dieser typischen Form verdankt eine sehr frequentierte Fußgängerpassage zwischen Universität und Ring ihren humorvollen Namen: Jonas-Reindl, benannt nach dem ehemaligen Wiener Bürgermeister Franz Jonas.
Ribisel: Johannisbeere

Rindfleischteilung: In Wien wird das Rindfleisch nach ganz eigenen Regeln geteilt. Dementsprechend originell sind auch die Alt-Wiener Namen speziell der einzelnen Siedefleischteile. So ist da neben Tafelspitz auch von Magerem oder Fettem Meisel, Brustkern, Wadschunken, Bratzel, Zapfen oder Hüferschwanzel die Rede.

Rostbraten: Hohes Roastbeef, Hochrippe

Röster: gedünstetes Obst (Marillen- oder Zwetschkenröster)

Rote Rübe: Rote Bete

Salzstangerl: Neben Mohnstriezerl, Handsemmerl und Wachauer (Laiberl) liegt in vielen Brotkörbchen auch die knusprige, mit Salz bestreute Gebäckstange, die besonders gerne zu Gulasch und Beuschel gegessen wird.

Sauerkraut: Sauerkohl

Sauerrahm (Kurzform: Rahm): Saure Sahne

Schanigarten: Der kleine Sitzgarten vor einem Lokal darf in Wien zu genau festgesetzten Zeiten geöffnet werden und verdankt seinen Namen angeblich der Order eines Wirtes an seinen Gehilfen (= Schani), Sessel und Tische hinauszutragen: „Schani, trag den Garten aussi!"

Scherzel: Das letzte knusprige Randstück eines Brotlaibes (oder Leberkäselaibes) gilt den einen als größte Delikatesse, während die anderen partout keinen Gefallen daran finden.

Schlagobers (Obers): Süße Sahne

Schmankerl: Besonderer Leckerbissen

Schmarren: Nicht nur, aber meist süße Speise aus aufgelockerter oder zerrissener Teigmasse (Kaiser-, Kipferl- oder Topfenschmarren); im übertragenen Sinne auch Schimpfwort für etwas Unnützes.

Schöberl: Luftige Suppeneinlage

Schopfbraten: Schweinekamm

Schulterscherzel und Weißes Scherzel: Besonders beliebte, weil sehr saftige Teile aus der Rinderschulter für die Wiener Siedefleischküche.

Schwammerl: Meist sind damit nur Eierschwammerl, sprich Pfifferlinge, gemeint, manchmal umfasst der Begriff aber auch essbare Pilze generell.

Schwarzer (kleiner, großer): Starker Espresso

16er-Blech: Siehe Eitrige

Seidel: Maßeinheit für 0,3 Liter Bier. Beim Bestellen erübrigt sich das Hinzufügen des Wortes Bier, es sei denn man möchte eine ganz bestimmte Sorte, wie Zwickel, Bockbier etc.

Selchspeck: Räucherspeck

Semme(r)l: Brötchen

Spanferkel: junges (Milch-)Schwein
Speckige Erdäpfel: Festkochende Erdäpfel
Staubzucker: Puderzucker
Stelze: Eisbein, Hachse
Tafelspitz: Das A und O der Wiener Siedefleischküche wird vom Rindsknöpfel (Rinderkeule) geschnitten und mit Semmel- oder Apfelkren, Rösterdäpfeln, Dillfisolen oder Schnittlauchsauce serviert.
Topfen: Quark
Vanillerostbraten: Knoblauchrostbraten. Als exotische Gewürze noch unerschwinglich teuer waren, wurde in Wien Knoblauch auch als „Vanille“ bezeichnet.
Versprudeln: Verquirlen, verrühren
Vierterl: Maßeinheit für 250 ml Wein, die durch die zeitgemäßen Kostgläser immer seltener wird. Zum Heurigen geht man allerdings nach wie vor „auf ein (oder mehrere) Vierterl“.
Wachauer Laiberl: Rundes Gebäckstück in der Größe einer Semmel, das besonders fein gewürzt ist.
Wadschinken (Wadschunken): Beliebtes Rindfleischstück von der ausgelösten Hesse zum Kochen.
Waller: Wels
Weichsel: Sauerkirsche
Würstel: Obwohl das Wort ein Sammelbegriff für Würstchen ist, bedeutet „ein Paar Würstel“ meist ein Paar Frankfurter (Wiener Würstchen).
Würstelstand: In Wien sehr beliebte Einrichtung für den schnellen Imbiss. Im Stehen und in Gesellschaft einer bunten Mischung quer durch alle sozialen Schichten werden Frankfurter, Burenwurst und Käsekrainer genossen.
Wurzelwerk: Mix aus Möhren, Sellerie- und Petersilienwurzel etc. mit etwas Petersilgrün für die Suppenzubereitung
Zwetschke (Zwetschge): Pflaume

Register

VORSPEISEN
Rindsknochensuppe 8
Grießnockerlsuppe 10
Leberknödelsuppe 11
Kaiserschöberlsuppe 12
Panadelsuppe 13
Frittatensuppe 14
Alt-Wiener Erdäpfelsuppe 16
Alt-Wiener Suppenhendl 18
Liptauer 19
Alt-Wiener Rindfleischsalat 21

FÜR DEN KLEINEN HUNGER
Specklinsen mit Spiegelei 25
Wiener Eierspeis' 26
G'röste Knödel mit Ei 27
Gebackener Zeller
Kelch auf Wiener Art mit gebratenem Leberkäse 29
Blunz'ngröstl 30
Szegediner Krautfleisch 32
Wiener Krautfleckerl 33
Überbackene Schinkenfleckerl 35
Eiernockerl 36
Reisfleisch auf Wiener Art 37
Krautwickel 38
Erdäpfelgulasch 40

DER GROSSE GENUSS
Wiener Schnitzel mit Petersilerdäpfeln 42
Forelle Müllerin mit Paradeissalat 45
Hechtnockerl mit Dillsauce 46
Gebackener Karpfen mit Mayonnaisesalat 48
Karpfen serbisch mit Gurkensalat 50
Naturschnitzerl mit Risipisi 52
Kaiserschnitzel mit ungarischer Tarhonya 54
Gefüllte Kalbsbrust mit Butterreis 56
Tafelspitz mit Rösterdäpfeln, Schnittlauchsauce und Apfelkren 59
Fiakergulasch mit Salzerdäpfeln 62
Zwiebelrostbraten mit Braterdäpfeln 65
Esterházy-Rostbraten mit Butternudeln 67
Paprikahendl mit Nockerln 69
Schweinsbraten mit Sauerkraut und Semmelknödeln 70
Gebratene Stelze mit warmem Krautsalat 73
Gefüllte Paprika mit Wiener Paradeissauce 75
Butterschnitzerl mit Erdäpfelpüree 78
Züngerl mit Wurzelgemüse und Semmelkren 80
Saure Nierndln mit Erdäpfelschmarren 82
Backhenderl mit Erdäpfel-Vogerl-Salat 84
Beuschel mit Serviettenknödel 86
Gefülltes Brathenderl mit Häuptelsalat 89

NACHSPEISEN
Marmorgugelhupf 93
Sachertorte 94
Topfengolatschen 96
Palatschinken mit Marmelade 97
Buchteln mit Powidlfülle 98
Apfelstrudel 100
Topfenstrudel mit Vanillesauce 103
Millirahmstrudel mit Kanarimilch 104
Kaiserschmarren mit Zwetschkenröster 106
Liwanzen 108
Powidltascherl mit Zuckerbröseln 109
Handgewutzelte Mohnnudeln 110
Wiener Wäschermädl 112
Apfelradln 113
Pofesen 114
Zwetschken- oder Marillenknödel 115
Topfenknödel 116
Scheiterhaufen 117
Mohr im Hemd mit warmer Schokoladesauce 119

Impressum

ISBN 978-3-85431-629-9

styria BOOKS

Covergestaltung: Bruno Wegscheider
Produktion und Gestaltung: Doris Grussmann

Bildnachweis: Rudolf Semotan: 2; Kurt-Michael Westermann: 17, 51, 63, 79, 99, 113
Herbert J. Lehmann: 74; Alle anderen Fotos: Peter Barci

Druck und Bindung: Druckerei Theiss GmbH, St. Stefan im Lavanttal